サクッとわかる

認知バイアス

ビジネス教養

藤田政博 監修
関西大学社会学部教授

新星出版社

はじめに

バイアスをやさしく読み解く「大人の絵本」

近年、「バイアス」が注目されています。これは「認知バイアス」とも呼ばれ、認知の偏りがさまざまな不都合を起こしているともいわれます。しかし、バイアスは私たちが周囲の世界を認識するときのクセで、それ自体ではよくも悪くもありません。それに、私たちは長い進化の過程でバイアスがあっても生き残ってきました。バイアスに関してまず大切なのは、正体を知っておくことです。バイアスをきちんと理解できれば、ビジネスにおけるマーケティングやデータの収集、分析など、大切な場面で認識の偏りが起こることが意識でき、結果的にまちがいを防ぐこともできるでしょう。

「認知バイアス」は心理学、特に認知心理学の領域の問題とされてきました。本書はそれを踏まえつつ、社会心理学の分野を加味した内容になっています。まず「バイアスとは何か」といった基本的な知識をまとめたあと、社会心理学の観点から「現実認知」「自己認識」「対人関係」の3つに分けてバイアスを紹介し、社会的認知という社会心理学の分野におけるバイアスも取り上げています。

人間が生き延びるために大切なのは、自分のまわりの世界と自分自身、そしてまわりの人たちを認識し、それに対してふさわしい行動をすることです。もちろん、ビジネスの世界でもそれはいえます。本書では、ビジネスで重要な判断を下さねばならない際に働く可能性のあるバイアスも、紹介しています。

私は本書に監修という立場で関わらせていただきました。本書の企画を伺ったときに、イラストを多用し、平易な文章でバイアスを紹介することは、とても魅力的だと思いました。私は2021年に『バイアスとは何か』(筑摩書房)という本を書いてバイアスに関して広くお伝えしたのですが、忙しくて本を読む時間を十分取れない方にも、もっと平易な形でお伝えしたいと思っていたからです。

本書は、イラストと平易で短い文章で、バイアスのエッセンスをつかむことができ、楽しみながら理解できる入門書となっています。どうぞ、大人の絵本をめくるような気持ちで、バイアスの世界を知っていただければ幸いです。

藤田　政博

contents

chapter

2 現実認知のバイアス

contents

chapter
3 自己認識のバイアス

staff 執筆協力 松井 巧　デザイン 野口佳大　イラスト 橋本 豊　編集制作 有限会社ヴュー企画（佐藤友美）

chapter 4

対人関係のバイアス

認知バイアスの基礎知識❶
認知の正体

「認知バイアス」は、「認知」と「バイアス」、2つの言葉からできています。「認知」の対象については、物理的世界と人間関係的世界の2つに分けると考えやすくなります。

食べられそう…
甘い匂い
丸い
物理的世界
直接見たり聞いたり
触れたりして、大きさや形、距離、
感触などを知ることができる世界。
感覚器から得た
情報を使って状況を認知し、
手や足などを
適切に動かす
すべすべ
している
音は
しない
柔らかい

五感を使って自分がいま生きている世界のことを知る

認知とは、「人間がものを見たり聞いたりしてそれが何かを知ること」です。私たちが生きていくうえで大切なのは、自分のいる世界について知ることと、それをもとに自分の行動を決めること。まわりの状況がどのようなものか、目の前のこれは何なのか、自分はどんな人間か、いま目の前にいる人はどんな人か。それらがわからないままでは、どう行動したらよいか判断できません。

認知する際は、視覚、聴覚、触覚、味覚、嗅覚の「五感」を使います。五感で受け取った情報を脳で処理すること、それが認知です。

人間関係的世界

自分や周囲にいる人たちの性格、身近な人との人間関係のあり方など、直接見たり聞いたりすることはできない世界。人の態度や行動といった情報を手がかりに推測することで、心の中で像を結ぶ

一番気が置けないのは、
高校時代の友だち
友人関係

仕 事
仕事はできるけど
厳しいんだよなぁ

上の子はちょっとがんこで
下はおっちょこちょい。
妻はしっかりもので、本当に感謝だな
家 族

認知バイアスの基礎知識❷
バイアスの正体

「バイアス」は、「傾き」あるいは「歪み」という意味です。語源は「傾斜」を意味するフランス語の「biais」。布目に対して斜めになっている状態が「バイアス」と呼ばれていることに由来します。

認知と現実が一定の傾向でずれている

「バイアス」と聞くと、何を連想しますか？　偏り、先入観、バイアステープなどが浮かぶかもしれません。ちなみに、バイアステープは裁ち方が傾いているだけで、テープそのものはずれてはいません。バイアス=歪みとは、「傾いている」から転じて、**認知と現実がずれている様子**を表します。

そうした「歪み」は、**私たちが住んでいるこの世界を、私たち自身が認識する際に生じます**。同じ大きさ、同じ形であるはずなのに、違うもののように見える。これは、私たちの**認知と実際の物理的世界のあり方がずれているのです**。この「ずれ」は触れたり見たりすることができない、**形のない人間関係などにも出てくることがあります**。

「シェパード錯視」と呼ばれる絵を見たことがあるでしょうか。私たちは、視覚を使って見ているものが、見えた通りに現実に存在していると信じています。しかし、この絵のように、同じ大きさの図形がまったく異なって見えることがあります。私たちの目の中の❗**網膜に映った二次元の像から三次元の世界を認知する際のクセ**がこのようなことを引き起こすと考えればわかりやすいでしょう。

同じ大きさのテーブルは？

いろいろな角度で置かれている3つのテーブル。
じつは左図のうち2つは、天板の大きさや形が同じで、ぴったり重なります。
どれとどれが同じものでしょうか。

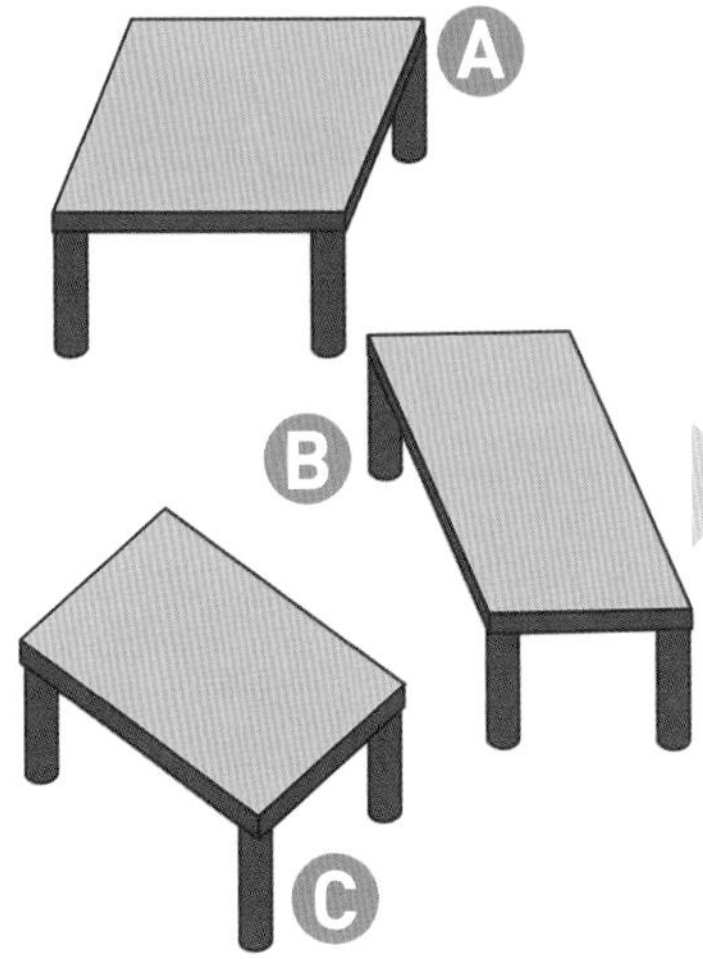

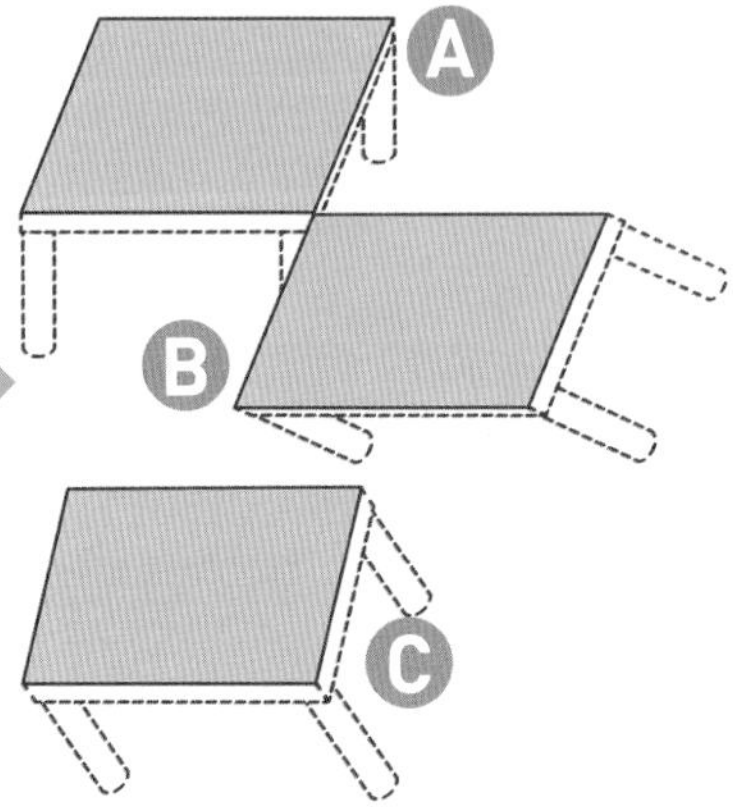

3つのテーブルがあります。置き方や脚の長さはそれぞれ違いますが、このうちの2つは、天板がまったく同じ形、大きさです。

天板の長いほうのラインを同じにして、脚を取り除いてみましょう（イラスト上では、点線に）。コピーをして切り取り、重ねてみてください。

AとBが同じ大きさ・同じ形です。

網膜に映った二次元の像から三次元の世界を認知する際のクセ

天板部分に角度がつくようにそれぞれ置き方を変えたり、違う長さの脚を描いたりすることで、奥行き感が異なり、脳が2つは別の形だと認知するシェパード錯視の例です。視覚は現実の形をその通りに認知するとはかぎりません。

なぜバイアスはあるのか

筋トレのおともに！
POWER DRINK
このタレント、知らないな。筋トレすると身体重くなるんだよなぁ……
主観からくる感覚のずれ
鍛えているこの人が飲んでいるんだから、効果ありそう
無意識に起こる認知の歪み

好感度の高いタレントがCMをしていると、根拠もなくその商品がすごい！ と感じるのは「ハロー効果」（→P130）と呼ばれるバイアスです。一方、「筋トレにそれほど重きを置いていないし、このタレントも知らない」と感じるのは、単なる主観です。

バイアスがないと生き残るのは難しい

「バイアスが働いている」というと、何かいびつな偏見や思い込みに囚われて、物事をまちがって捉えてしまう、正しく捉えられないというイメージがあります。けれども、**バイアス自体は、よくも悪くもありません。**

たしかに、よくない状況を生み出すこともあります。しかし、進化心理学の観点からいうと、**本来バイアスは、それをもっているほうが生き残りに有利であるか、少なくとも不利にはならないために存在している**と考えられるのです。

誰しもが同じくらい歪んでいる

わかりやすい例が「現状維持バイアス」です。これは、**いま、うまくいっていれば、それを維持する方向で考えようとするバイアスです。**たとえば、転職を考えている人が、転職した際のメリットとデメリットを天秤にかけたとき、いまがうまくいっているとしたらわざわざ転職するのはリスクが大きいかもしれません。そのとき、**現状維持バイアスが働いていればリスクを回避できる**わけです。このように、**誰もがもっていて同じ傾向があるものをバイアス**と呼んでいます。

進化の過程で獲得した心のしくみを探求

進化心理学は、**人間の心理のしくみが、進化の過程で獲得されたものであるという考えに基づく研究分野です。**

column 1

ほかの人よりも現実的な認知ができる!?

私たち人間の認知活動の中でも、とくに重要な能力の1つに未来予測があります。自分の将来に何が起こるのか——その予測の内容次第で私たちの意思決定は大きく変わります。たとえばこの先、危険なことが起こるのであれば自分の身を守らなければなりません。

命に関わることもあるため、未来予測はできるだけ正確なほうがいい——そう考える人が多いかもしれません。しかし、実際には、自分の未来には悲観的なことは起こらないと考えて、ほとんどの人が楽観的な未来予測をします。これは私たちに「楽観バイアス(ポジティブ幻想)」(→P62)があるためです。

一方、私たちのなかには楽観的でない人もいます。その層に一定の割合で見られるのがうつの傾向をもつ人たちです。2011年に心理学者のタリ・シャロットが、翌月に発生する可能性のある出来事(たとえば、「プレゼントをもらう」「渋滞に巻き込まれる」など)を予測する課題の調査の結果を発表しました。将来起こることとして、「ポジティブ」なもの、「ネガティブ」なもの、「そのどちらでもない」ものなど、可能性のあるものについて予測してもらいます。結果は、いずれの予測についてもかぎりなく現実的で正確だったのは、軽度のうつ症状をもつ人だったのです。

このようにうつの人は、より現実に近い認知ができる傾向にあります。重度だとネガティブに偏った認知をするものの、軽度であればより認知が現実的です。ただ、正確だからといって必ずしもよいというわけではありません。適度に楽観的なほうがストレスや不安が少なく、勉強や労働にも意欲を示すことも、わかっています。

chapter 1

認知バイアスの基礎知識

まずは「認知バイアス」を
正しく理解することから始めましょう。
最近よく耳にするようになった
この言葉の正体をひもときます。

バイアス研究の2人の巨人 カーネマンとトヴァースキー

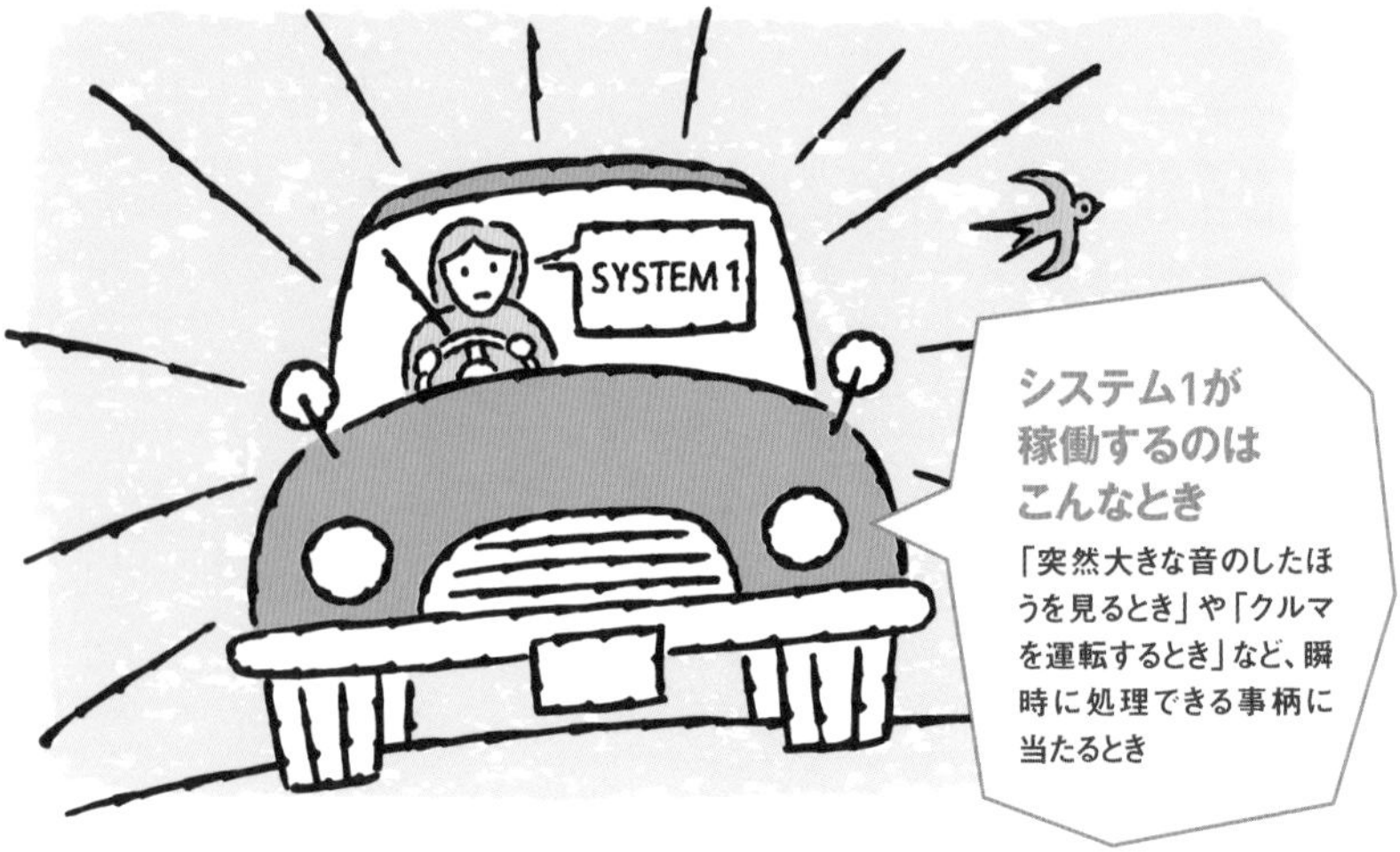
SYSTEM 1
システム1が稼働するのはこんなとき
「突然大きな音のしたほうを見るとき」や「クルマを運転するとき」など、瞬時に処理できる事柄に当たるとき

人間は2つの情報処理システムを状況に応じて使い分けている

バイアスという心の働きが問題になるのは、どんなときでしょう？　それは、何らかの判断や意思決定をしなければならない状況下です。そんなとき、認知が歪むと、まちがった判断をしてしまいかねません。

人の判断の基礎となる認知に歪みがあることを広く世に知らしめたのが、ダニエル・カーネマンとエイモス・トヴァースキーという心理学者です。彼らは、伝統的な経済学ではうまく説明できなかった現実の人間行動や経済現象を、心理学的な知見を導入すること

❗ 心理学における「2つのシステム」

カーネマンらの研究で有名になった2つのシステムの考え方自体は、ほかのさまざまな心理学者も主張してきました。人間の情報処理には大別して2つのシステムがあり、両者は同時に、かつ、ほぼ独立して稼働していると考えられています。

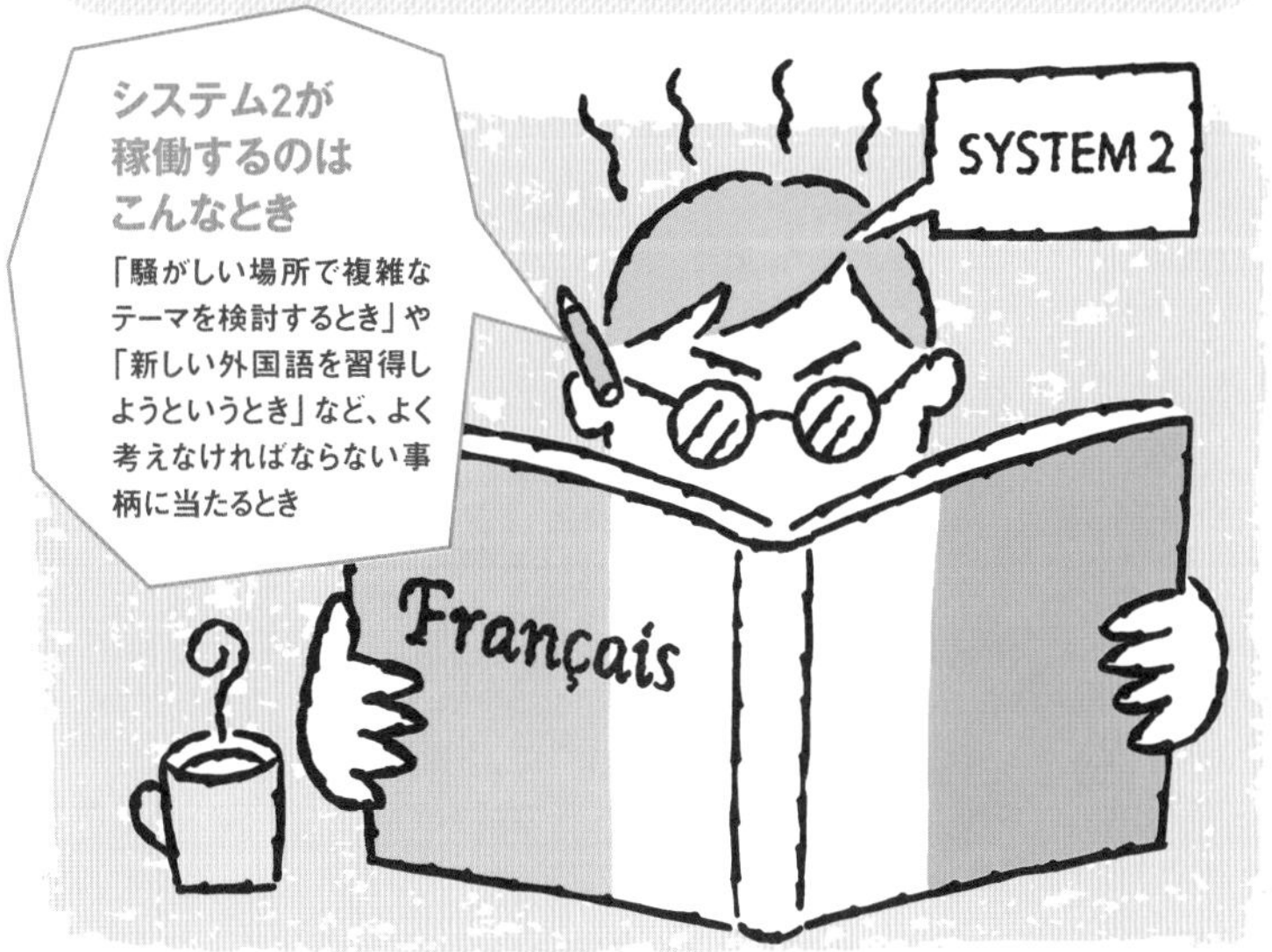

システム2が
稼働するのは
こんなとき
「騒がしい場所で複雑なテーマを検討するとき」や「新しい外国語を習得しようというとき」など、よく考えなければならない事柄に当たるとき
SYSTEM 2
Français

で**実証的に説明し、行動経済学の基礎**をつくりました。そこで考慮に入れたのが、バイアスという心の働きです。

まず彼らは、さまざまなバイアスの実験を行いました。今では人間の情報処理の方法には、❗2つのシステムがあると考えられています。システム1は、自動的に高速で働く自分でコントロールしている自覚のない情報処理方法、システム2は、複雑な計算など注意力を必要とする情報処理方法です。

普段、私たちはシステム1を使っています。システム1は優秀な働きをしますが、一方で、**判断エラーのパターン**に陥ることがありました。物理的にものを見たりするとき以外にも多くのバイアスがあることを示したのです。

認知バイアスの重要ワード❶
“誤謬”の正体

優秀なシステム1だが バイアスを生むことも

人間が、ベストとはいわずともベ**ターくらいの判断をするためには、意識的に考える必要はあまりありま**せん（システム1起動）。瞬時に判断しないと生き延びられない事態を処理するためなのですが、そのシステム1の働きが、ときとしてバイアスを生む原因にもなります。

また、ふつうは**バイアスの存在を自覚できません**。そのため、誤謬《ごびゅう》（＝誤り）が招く不都合を避けるのは、難しいのです。しかし、だからこそ、人間がどのようなバイアスに陥りがちなのかを知っておくことは非常に大切なのです。

有名なバイアス「ギャンブラーの誤謬」

「ギャンブラーの誤謬」（→P82）とは、たとえばコインを投げて連続5回くらい表が続いた場合、次は裏が出るはずだと思い込むこと。

コインの裏、あるいは表が出る確率は、何度投げても等しく2分の1で、投げる回数は影響しません。けれど、直感では次こそは表だ、と思ってしまう。このように、直感が実際の事象とずれてしまうと誤謬を犯してしまう、つまりバイアスが働いてしまうのです。

負けが続いたパチンコのやめどきがわからないで突っ込んでしまうのも、同じ“誤謬”によるものです。

典型的な論理的誤謬の例
自然主義的誤謬

「うちの会社では、ずっとこういう方法をとってきた」というのは、"事実"。それを、「ずっとこういう方法をとってきたから、これからもそうするべき」などと、規範として捉えるのは誤謬です。このように、「である」(物事の自然な状態)を「べき」(物事のあるべき状態)だと話を飛躍させる論理的なまちがいを**「自然主義的誤謬」**といいます。

規範
新しく入ってきた君も、このやり方でやるべきだ!
「べき」
(物事のあるべき状態)
うちの会社に入ったら、この規範を遵守すること
事実
うちはずっとこのやり方でやってきた!
「である」
(物事の自然な状態)
創業以来のうち独自のやり方がある

認知バイアスの重要ワード❷ “ヒューリスティックス”の正体

“ヒューリスティックス”とはシステム1を使った情報処理の方法。
すばやく必要なものを入手するために必要な判断方法です。

NEW
最近、よくテレビで宣伝している……。これにしようかな？○○ちゃん、かわいいし

生存に必要な判断をするためにすばやく情報を処理する

人間がほかの動物に捕食されることはめったになくなった現代ですが、**すばやく情報を処理し、判断することは、生き残るうえで大切なことです。**

食べ物を手に入れるのが間に合わなければ飢え死にします。適切な時間に睡眠をとらなければ健康を維持できません。生殖を行って遺伝子を残すのも、時間制限があります。すばやく情報を処理し、おおよそうまくいく行動をとることは、**常に何らかのタイムリミットを抱えている生物にとっては、メリットがあるのです。**

心理学では、多少おおざっぱでもおおよそうまくいく、すばやく行うことに特化した判断の方法を❗**「ヒューリスティックス的判断」**と呼んでいます。

❗ヒューリスティックス的判断

ヒューリスティックスは、カーネマンらのいう「**システム1**」（P16）とほぼ同じ意味のことと考えてよいでしょう。たとえば、ドラッグストアなどでコスメを買うとき、テレビCMなどでよく見かける商品を選んでしまいがちです。これは、どれが品質がよいのか、自分に合っているか、といったことを考える手間を省き、自分が見かける頻度というおおざっぱな指標を使っているため**ヒューリスティックス的判断**といえます。

手近な事例を判断に当てはめる
利用可能性ヒューリスティックス

飛行機は
危険な気がするから
新幹線にしておこう

思い出しやすい事例はよく起きると感じる

「利用可能性ヒューリスティックス」は、その人の**心に浮かぶ少ない事例を判断に当てはめるという処理方法**です。心に浮かびやすい事例とは、自分がいままでよく経験してきたことや、メディアなどを通じてよく接する出来事など。たとえば飛行機事故が報道されると、非常に目につくがゆえに、実際に起こる確率は非常に低いにも関わらず「よく起きること」だと判断してしまうのです。

「〜っぽさ」で物事を判断する
代表性ヒューリスティックス

いえ、
合唱部です
大きいなぁ……。
バスケットボール部
だったのかな？
12

カテゴリーに代表される類似性をみる

ここで紹介するもう1つのヒューリスティックスは**「代表性ヒューリスティックス」**。簡単にいえば、**ありがちと思われることを実際の確率以上に過大評価してしまう**ヒューリスティックスです。

たとえば、背が高い人であれば学生時代バスケット部に所属していたのだろうと判断します。私たちは、その人がどんなカテゴリーに分類できるかを無意識に判断しているのです（特徴と所属の関係についての確率判断）。見た目からカテゴリーをただちに判断するのはヒューリスティックスの一種で「代表性ヒューリスティックス」といいます。

よいもの？ 悪いもの？
バイアスは中立であり人間に必要な能力

バイアスは私たちが**この世界とどのように向かい合っているか**を反映したもの。捉え方によってよくも悪くも見えるというだけで、**それ自体は中立**なものです。

対人関係のバイアスを例に説明すると、**「ベビーフェイス効果」**(→P126)や**「ハロー効果」**(→P130)などのポジティブな方向にかかるものと**「ネガティビティ・バイアス」**(→P134)に代表されるネガティブな方向にかかるものがあります。しかし、バイアスそのものはそれ自体でよいあるいは悪いという価値をもっているものではありません。

バイアスがあることを知っておくのはよいこと

「バイアス」というと、「正しくものを把握できない」「思い込みに囚われて判断を誤る」といった、**マイナス面ばかり強調されがち**です。バイアスに影響を受けた判断を修正するには脳のシステム2を使い、じっくりと判断する必要があります。

しかし、自分の身に危険が迫っているときに、そんなことができるでしょうか? 必要な情報を瞬時に集めてただちに判断しないとならないはずです。

そして、そのようなすばやい判断のためには、脳のシステム1が適しています。しかし、この働きにはバイアスが内在していることがあるのです。そしてバイアスがある判断をしつつも、通常、生き残りという面からみると大きな問題ではありません。

私たちがバイアスを否定的に捉えるのは、「バイアスによって物事をありのままに捉えられない」ということがあるから。

ですが、**自分が物事をありのままに捉えられていないかもしれない、と自覚することで**、まちがった判断や行動に気づくこともできます。**「ギャンブラーの誤謬」**(→P82)を知っている人は、大損をする前にきっぱり諦めることができるかもしれないのです。このように、バイアスは、捉え方や状況によってよくも悪くもみえるだけで、**本来は中立的なものな**のです。

社会心理学における バイアス研究

本書は社会心理学をベースにしたバイアス研究を紹介しています。バイアスは本来、認知心理学で研究されてきました。ここでは社会心理学で研究されているバイアスの特徴について説明します。

認知心理学におけるバイアス研究

バイアスは現実認知の際に働くもの

よりリアルに近づいたバイアス研究

　バイアスは、認知心理学の分野で「現実認知のバイアス」（→P30）として研究されてきました。

　本書では、社会心理学をベースにしているため、「現実認知」と「自己認知」（→P32）「対人関係」（→P34）の3つに分類しています。

　社会心理学は、他者と自分との関係性についての研究であり、認知においては「自己認知」と「他者認知」という概念を重視して研究されてきた分野です。**私たちの実生活に寄り添うリアルな問題として**、研究が進んでいます。

社会心理学におけるバイアス研究

より実生活に寄り添うリアルな問題に

認知バイアスには3つの種類がある

認知する際に何らかのバイアスがかかるのは、自分の行動や判断がより社会に適合しやすいようにするため。そのため、バイアスを完全になくすことはできません。認知については「現実認知」「自己認知」「対人関係」の3種類があると説明してきましたが、3つすべての認知には、それぞれバイアスが入り込む余地があります。

CASE 1

現実認知のバイアスとは…

頭の中の知識や期待、思い込みなどをフィルターにして、自分を取り巻く現実を認識する際に陥りがちなバイアスのこと

◀◀ 解説は30ページ

CASE 3
対人関係のバイアスとは…
人との関わりや社会活動の
基礎になる「対人認知」＝
「他者に関する情報を収集し、
他者の特徴を知覚すること」に
関わるバイアスのこと
解説は34ページ
!!
?
対人関係
自己認知
CASE 2
自己認知のバイアスとは…
「自分とはこういう人間である」
という認識に
至るまでに起こる、
さまざまなバイアスのこと
解説は32ページ

CASE 1

自分の周囲の現実を認識する際に起こる「現実認知のバイアス」

あらかじめ埋め込まれている認知バイアス

身のまわりの状況を認識することは、生きていくうえでとても大切。

私たちが周囲の現実を認知するために、**脳はそれまで蓄えてきた知識をフィルターにして状況を認識しています。**自分にとってなじみのある世界や状況であれば、自分の中にある知識や情報を駆使して、すばやく状況を認識することができるでしょう。しかし、なじみのない世界だと、前提となる知識がないため、そこがどんなところでどのような状態かを把握するのに時間がかかります。

だとすると、自分の中に蓄えている知識が多ければよいのではと思えますが、量の多少が問題なのではなく、私たちがすでにもっている知識によって認知が方向づけられるという点が重要なのです。

知識の量を増やすことで、スムーズにいく場面もあるかもしれませんが、解決にはなりません。

さらに、私たちの**「認知のしくみ」(ものを見るなど)には、すでにバイアスが埋め込まれています。**これは意識的にコントロールできないもので、避けることはできません。

バイアスは意識できないものなので、まずは私たちの認知とバイアスは切り離せないものと知るところから始めましょう。

身のまわりの状況を、五感を通じて認識する際にもバイアスは生じている

私たちは、自分の周囲の状況を認識するために、**五感**を使って情報を取り入れています。私たちは普段、周囲の状況がそのまま見え・聞こえ・感じ取れるような感覚をもっています。しかし実は私たちが見たり聞いたりしたと感じているものは、脳が五感からくる情報を総合的に処理し、解釈して、周囲の状況を推定した結果なのです。脳が解釈や推定を行うときの情報の処理のしかたに、実はバイアスが潜んでいるのです。

CASE 2

現実の自分とはちがった形で認識する「自己認知のバイアス」

それらしい記憶を選び出し共通点を見つける

「自分のことは自分が一番よく知っている」と思っている人は多いと思います。けれども、**社会心理学**の研究が進んだいま、「自分はこういう人間だ」と認識するのはそう簡単なことではなく、かなり**高度な心の働き**が必要だと考えられています。

たとえば、「自分は正義感が強い」と思っている人がいたとします。正義感という概念は抽象的なものなので、いきなりそう感じることはできません。

そこで人間が行うのは、それまでの❗膨大な体験の中から関連しそうな記憶を選び出し、共通項を抽出するという作業。自分が体験したことについての記憶を「**エピソード記憶**」といいます。

集めたたくさんのエピソード記憶をもとに、自分は「正義感が強い」「優しい」などの自己認識をします。その際、「**人間には性格があり、自分が知っている性格の概念のどれかに当てはまるという考えをもっている**」ことも、心の働きの一部です。

以上が**自己認知**のおおよそのメカニズムです。働きが複雑なので認識や記憶、意味づけ、性格に対する推論など、あらゆる過程にバイアスが入り込む余地があります。

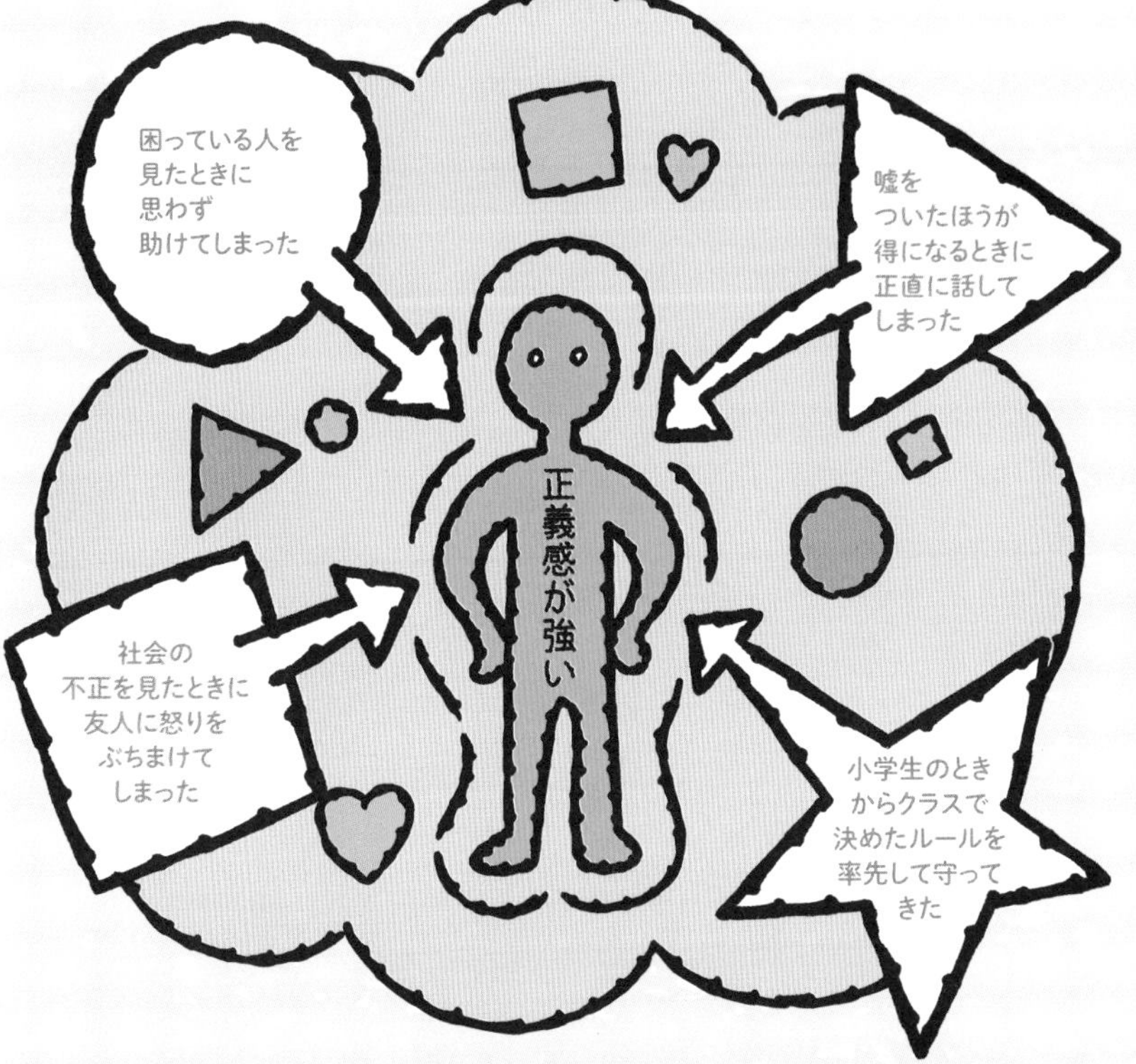

膨大な体験の中から関連する記憶を選び出し、共通項を抽出する

自分を認知するときは、自分の体験に基づく大量の記憶（エピソード記憶）の中から、共通する項目を取捨選択し、特定の概念に当てはめるという作業を行います。

CASE 3

自分以上にわからないのが他者の感情「対人関係のバイアス」

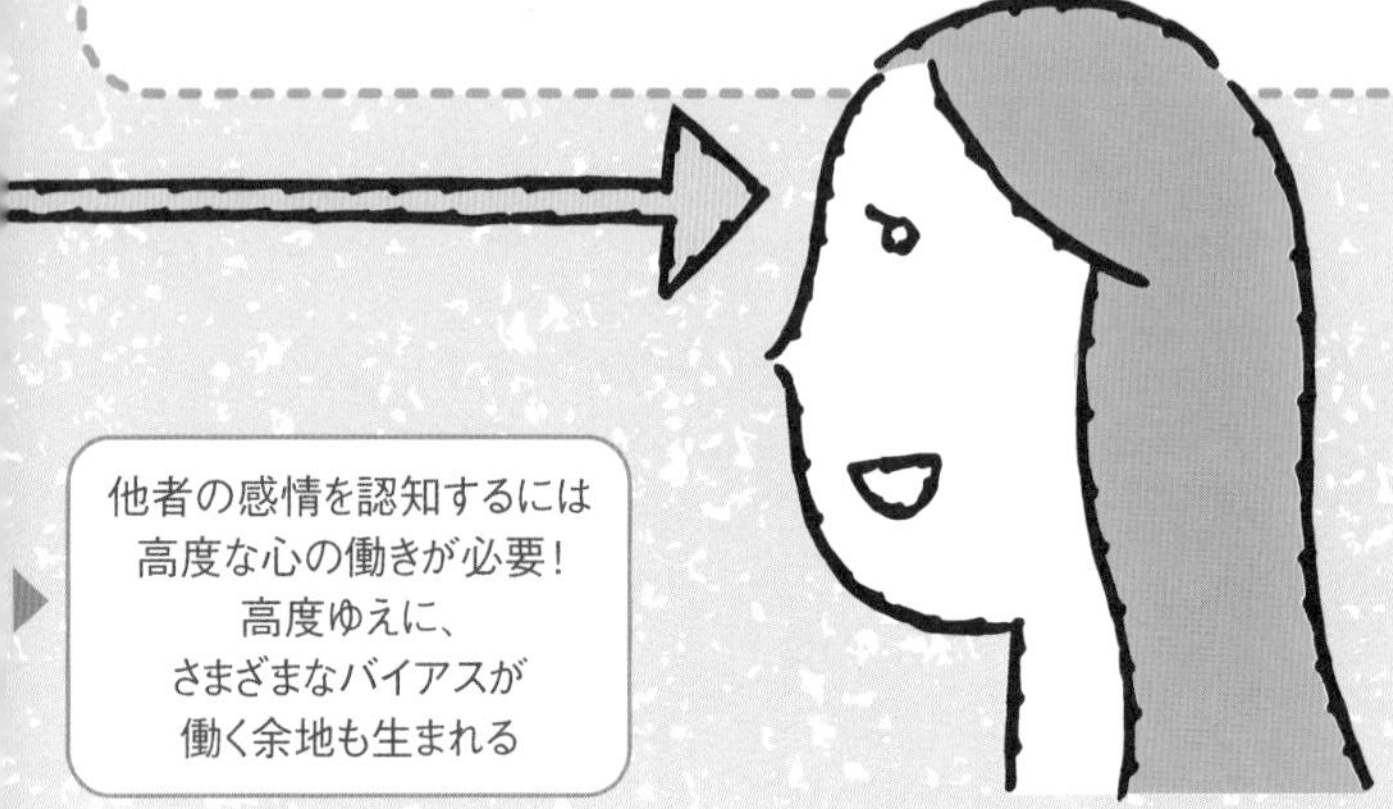

他者の感情を認知するには
高度な心の働きが必要！
高度ゆえに、
さまざまなバイアスが
働く余地も生まれる

五感を使って相手の状態を推測する

人間は、はるか昔に集団生活を営むことを選択したときから、**他者と適切な関係を結べるように知覚を発達させてきました。**ほかの人間を目の前にしたとき、その人と協力し合えるかどうかを見抜き、状況に応じて必要な相手と適度な関係を結ぶこと。それが、集団における人間関係の第一歩です。

他者の特徴を知覚することを「対人認知」といいます。私たちの対人認知のしくみは、人間を取り巻く環境に合わせる形で進化しました。現代の私たちも、まわりの人と対人関係をよい形で結ぶためには、相手の性格がどういうもので、そのとき何を感じているかなどを知っておくことが大切です。

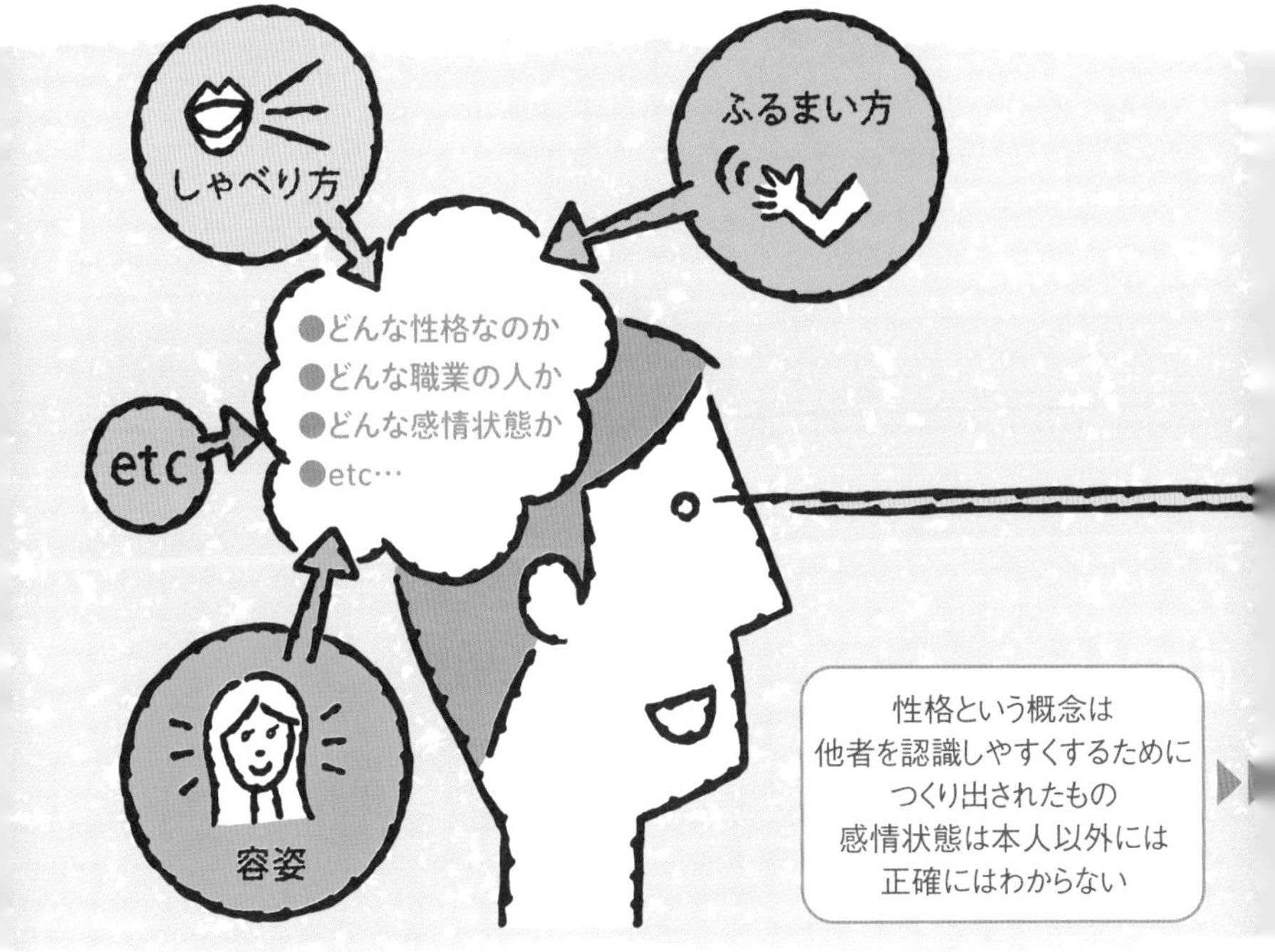
しゃべり方
ふるまい方
●どんな性格なのか
●どんな職業の人か
●どんな感情状態か
●etc…
etc
容姿
性格という概念は
他者を認識しやすくするために
つくり出されたもの
感情状態は本人以外には
正確にはわからない

そうしたことを認知する材料は、すべて**五感から入る情報**。**五感の中でもとくに視覚と聴覚**です。目の前にいる人の様子を見、声を聞きながら、この人が何をしようとしているのか、どのような心の状態にあるのかを推測するわけです。

ただし、あくまでもそれは推測の域を出ません。**どれだけ他人を外から眺めても、本当のところはわかりません**。自己認知は高度な心の働きを必要とすると前に述べましたが、**対象が自分以外であるぶん、対人認知はいっそう高度な心の働きを必要とする**のです。そのため、バイアスの入り込む余地も、ますます大きくなります。

俗に「人は見かけによらない」といいますが、逆にいうとそれだけ人は見た目で他者を判断しがちだということ。私たちは他者を外から眺めて内面を推測することを、常に行っているのです。

どうちがうの？偏見とバイアス

バイアスは生まれながらにもっているもの

「バイアスと偏見は同じですか？」と聞かれることがあります。確かにこの2つはよく似ていますが、正確には異なります。

「バイアス」とは、ここまで説明してきたように「認知の歪み」のことで、**人間が生まれながらにもっている情報処理のしくみ**の一部です。

ちなみに、「ステレオタイプ」は「ある集団に属する人には共通した特徴がある」と考えることで、「偏見」は、**「ネガティブなステレオタイプ」**のことです。

偏見がバイアス作動のきっかけになることも

たとえば、「〇〇県民はうどんが好き」というのは、ステレオタイプの一種です。これは、いるかもしれないうどん嫌いな〇〇県民の存在を無視しています。現実とちがう認知をしているという意味ではバイアスと似ていますが、**後天的に得た知識から生まれているところが決定的な違い**です。

ただし、ステレオタイプや偏見が自分の中で定着してしまうと、それが一種のフィルターに近い働きをすることで、**バイアスを引き起こす**きっかけになることもあります。

「○○県民はうどんが好き」という判断は、後天的に学習された知識からくるステレオタイプであって、バイアスではありません。

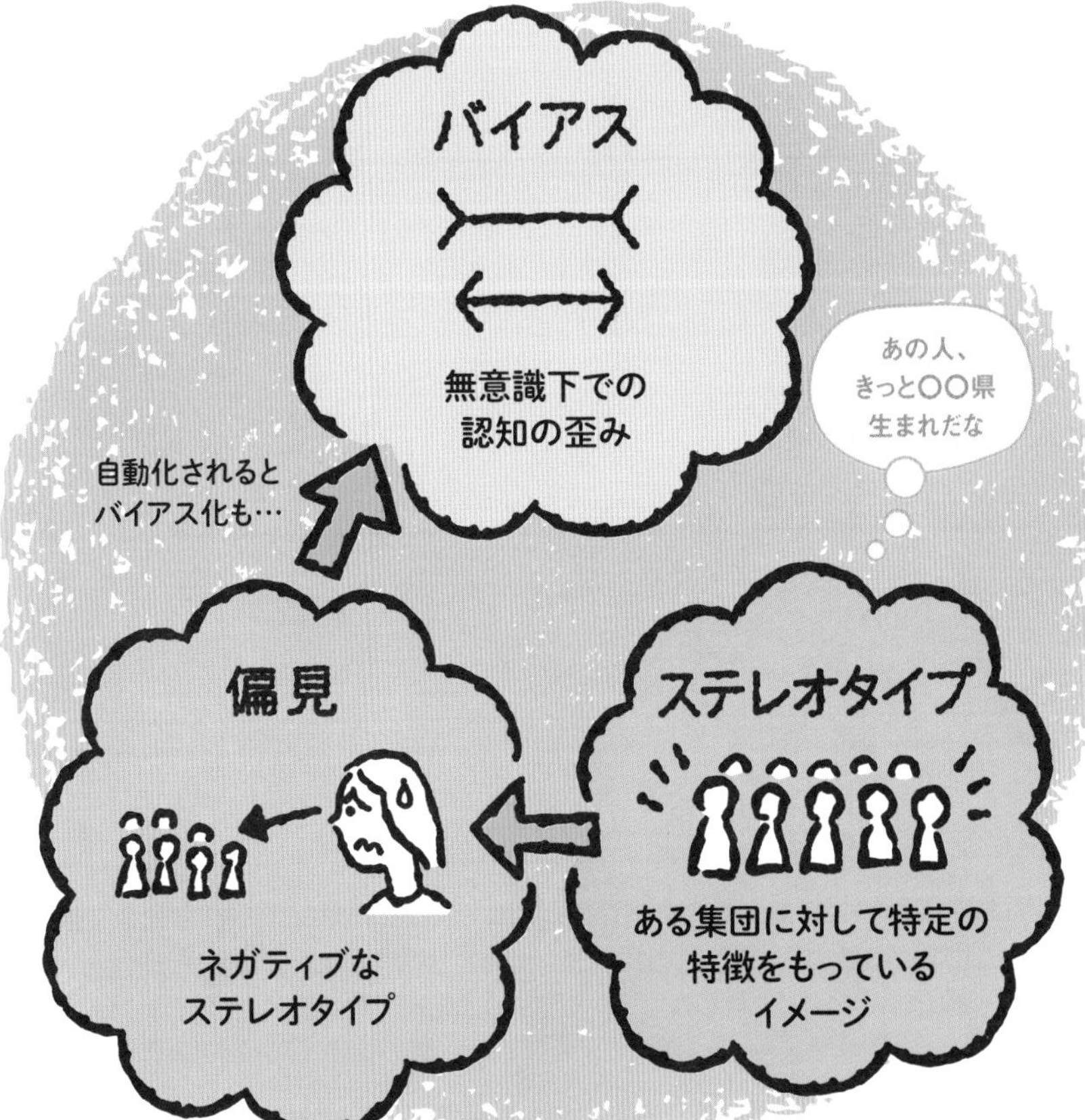
バイアス
無意識下での
認知の歪み
あの人、
きっと○○県
生まれだな
自動化されると
バイアス化も…
偏見
ネガティブな
ステレオタイプ
ステレオタイプ
ある集団に対して特定の
特徴をもっている
イメージ

偏見とバイアスとステレオタイプ

どれも認知においては似通っていますが、偏見はネガティブなもので、バイアスとステレオタイプは中立です。

自分に都合よく認知を歪める
社会心理学の認知的不協和

認知を都合のよいように歪めたり変えたりする

認知的不協和は、2つ以上の認知が衝突して居心地の悪さを感じている状態のこと。バイアスそのものではありませんが、社会心理学の発想を理解するためにも、知っておくとよいでしょう。

たとえば喫煙者のAさんが、喫煙のリスクとして「肺ガンになりやすい」ことを知ったとします。「私は喫煙する」を認知1とすると、「喫煙すると肺ガンにかかりやすい」は認知2です。2つ合わせると「私は肺ガンにかかりやすい」という認知に達することになり、かといって禁煙するのも不快。人間、自分の行動はなかなか変えられないものです。

そこでAさんが次に行うのは、新たな情報を付加すること。認知3「喫煙者にも長寿の人はいる」、認知4「肺ガンより死亡リスクの高い事故や病気もある」などです。すると、認知1「私は喫煙する」と認知2「喫煙すると肺ガンにかかりやすい」が合わさって生じた不協和が緩和されます。

このように、人間は常に合理的な認知を行うわけではなく、自分の都合のよいように現実を歪めたり、後から認知内容を変えたりします。この認知的不協和は、社会心理学的発想の大事なベースです。

認知1 と 認知2 は相容れないため、不協和を起こす

認知1

認知2

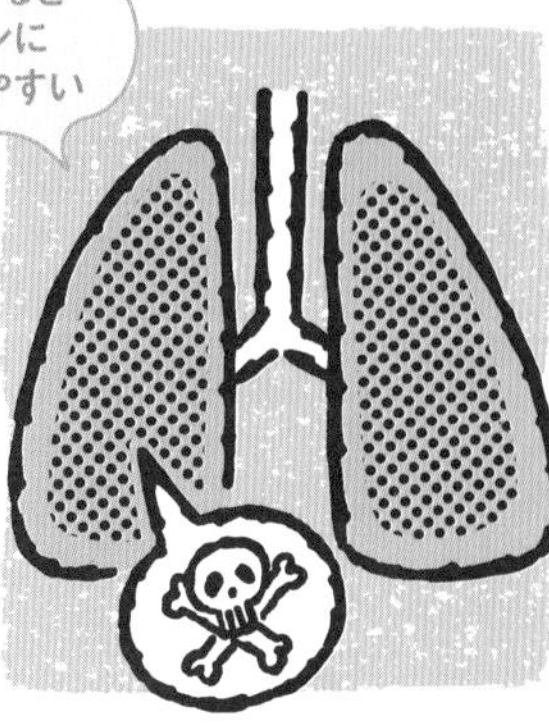

不協和

不快

タバコを吸うと肺ガンになりやすいと聞くと、タバコを吸っていることに居心地の悪さを感じますが、禁煙はしたくありません

新しい情報を付加すると…

認知3

認知4

「喫煙者でも長寿の人がいる」「ほかの事故や病気で、肺ガンより致死率が高いものもある」などと考え、居心地の悪さを解消しようとする

認知1 と 認知2 の間に生じた不協和が緩和される

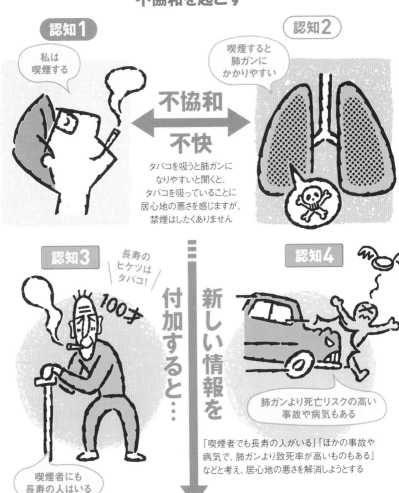

column❷

まずい状態を認めない バイアスがある？

38ページで説明したように「認知的不協和」は自分の認知が別の認知、あるいは現実と矛盾するとき、自分の認知のほうを変える現象です。たとえば、予期しない病気にかかってしまった際、自分が病気であると認めたくない人がいます。そういう人には認知的不協和を避ける強い動機づけがあります。

「病気かもしれないけれど、自分としては病気だと認知したくない」。このような場合には、「正常性バイアス」（→P64）が考えられます。これは自分に危険が降りかかる確率を一定以上に考えないことで、恐怖や心配から逃れ、ストレスを過剰に受けるのを避けるバイアスです。

一方、「確証バイアス」（→P42）の可能性も考えられます。たとえば、「タバコを吸うと肺ガンになりやすい」という情報よりも「禁煙ストレスのほうがもっと健康に悪い」などの情報が目に入ると、禁煙を避けたいあまりにタバコを吸っても大丈夫だと考えてしまうのです。

「病は気から」といいますから、自分が健康だと思ったほうがよいこともあるでしょう。しかし、そのせいで重大な病気を見過ごすようなことがあったら大変です。

「認知的不協和」は、健康面だけでなく、ブラック企業で働き続けてしまう、パートナーのDVに耐えてしまうなど、さまざまな場面で登場してきます。そのようなときは直観や素人判断に頼るのではなく、ほかの仮説を考えたり、いろいろな人の意見に耳を傾けることも必要です。

chapter 2

現実認知のバイアス

まわりの環境、ものや人などを認知する際は、
これまで脳に蓄えた"知識"という
フィルターを通します。
ここにバイアスが働く余地があるのです。

「自分はやはり正しかった」と感じたい
確証バイアス

また○○県のニュースだ…。
僕の故郷は、
最近事件が多くないか？

POINT 1 知らないうちにもっている仮説に沿って情報を取捨選択。それによって「自分は正しい！」と感じる

自分の出身地などがニュースになっていると、ほかの県よりも目に入りやすいため、すごく事件が多いように感じられますが、その傾向に気づいていません。

POINT 2 膨大な情報を無意識にふるいにかけて処理する
たまたま、出身県で起こった事件が報道されていますが、その前後にもいろいろな都道府県での事件がニュースになっています。しかし、故郷のニュースがほかの県のニュースに比べ、印象に残り続けているのです。
速報
○○県で殺人事件
POINT 3 確証バイアスは日常生活でもよくあるバイアス
彼は、自分の仮説（＝思い込み）に合う事実を選択していますが、あくまでそれは無意識。それゆえ、「自分の仮説は本当に正しいのか？」という疑問をもたないのです。
やっぱり○○県！
昔より治安が
悪くなっているのかな？

Example 1

直前に聞いたことで判断が左右される
プライミング効果

プロフィール1

暗記する単語

- 大胆
- 勇敢
- 男らしい
- 頼りがいがある

冒険好きで山を探検したり
スキーをしたりする人物

プロフィール2

暗記する単語

- 向こう見ず
- 思慮が足りない
- 怖いもの知らず

冒険好きで山を探検したり
スキーをしたりする人物

先行する刺激が後の刺激の処理に影響

確証バイアスが働くとき、どの情報が強く影響するかは状況によってさまざまです。しかし、とくに、**最近聞いたことは過去に聞いたことよりも記憶が新しいため、思い出しやすく、判断に利用されやすいといえます**。

何らかの判断や行動のきっかけになる情報のことを「プライム（先行刺激）」といいます。そして、この**プライムが後の刺激の処理に影響することを、心理学の分野では「プライミング効果」と呼んでいます**。

判断や選択は、先行する刺激に影響される

参加者を2つのグループに分け、片方には「大胆」「勇敢」「男らしい」などのポジティブな単語を記憶させ、もう片方には「向こう見ず」「思慮が足りない」といったネガティブな単語を記憶させました。その後、ある冒険好きな人物のプロフィールを参加者に読ませ、その人がどんな人なのか判断させます。すると、プロフィールを読む前に**ポジティブな単語を暗記したグループはポジティブな人物評価を、ネガティブな単語を暗記したグループはネガティブな人物評価を下しました。**

プロフィール1 を記憶した人は、その人物のプロフィールをポジティブに評価しています

プロフィール2 を記憶した人は、いささか軽薄で思慮に欠けるといったネガティブな評価を下しています

直前に聞いたことが判断の根拠になる

同じ人物の同じプロフィールを読んでも、直前に暗記した単語によって、その人物評価さえまるで違ったものになってしまうのです。

Example 2

確証バイアスに陥りやすいことを示す実験例 4枚カード問題

問題

1. 「A」「D」「4」「7」と、それぞれの面に1文字ずつ書いてあるカード4枚が並んでいます。
2. アルファベットの裏にはかならず数字が、数字の裏にはかならずアルファベットが書かれています。

上の2つを前提とし、「母音のカードの裏はかならず偶数」というルールが正しいかどうかを判定するためには、どのカードをめくればよいでしょう。カードをめくる回数をできるだけ少なくするのが条件です

私たちが**確証バイアス**に陥りがちであることを示す例に「**ウェイソンの4枚カード問題**」という実験課題があります。また、科学研究の分野では、自分の仮説に対する負事例を挙げ、**負事例の成り立つ確率を計算して自分の仮説の正しさを検証する**方法が一般にとられています。

命題と対偶の両方を確かめれば強力なバイアスを回避できる

まずは右ページの問題を考えてみましょう。このとき、よくある答えは「Aと4」か「Aだけ」。Aの裏に偶数が書いてあるか、4の裏にアルファベットが書いてあるかを確かめます。

実は、**自分の仮説と合致する事例（正事例）**を見つけて安心してしまうことを避けるには、**自分の仮説を否定する事例（負事例）を挙げて、それがどれくらい成り立ちそうか検証する必要があります**。しかし、人は自分の仮説が正しいことを前提に情報を処理するため、負事例にまで気が回りません。**正事例が見つかれば、「自分の仮説は正しい」と安心してしまうのです。**

正解は「Aと7の2枚をめくる」。「母音の裏にはかならず偶数が書いてある」というのを論理的には同じ内容のまま別の言い方にしてみると、「奇数の裏には母音は書かれていない」となります。Aの裏に偶数が書いてあればもともとの命題が確かめられますし、7の裏に子音のアルファベットが書かれてあれば、**命題の前半と後半をひっくり返してそれぞれを逆にした形の命題（論理学ではこれを「対偶」といいます）「奇数の裏には子音が書かれている」も確かめられます。**対偶は、負事例なのでなかなか思いつきにくいのです。

収入と幸福感は一致するか？
フォーカシングイリュージョン

同僚・上司の人柄
福利厚生
知名度
やりがい
収入

誰もが知っている大企業に就職できれば幸せになれるとはかぎりません。
やりがいはあるか、上司や同僚との人間関係は良好か。
さまざまな要素を多角的に評価する必要があります。

さまざまな要因が組み合わさって成立する

「年収が●●円以上あれば幸せになれるはず」「大企業に就職できなければ人生がうまくいかない」「田舎よりも都会に住むほうが、幸福度が高い」。こういう型にはまった考え方は、**自分が注目する要因の影響を必要以上に重視するあまり、認知の歪みを引き起こしている可能性**があります。

このような認知の歪みは**「フォーカシングイリュージョン（焦点化の幻想）」**と呼ばれており、現代人の多くにみられるバイアスとして心理学者のカーネマンなど、複数の学者が注目しています。

ある事柄が引き起こされるに至った要因はさまざまで入り組んでいる場合がほとんどだということを十分に理解していれば、「幸せになるにはどうしたらいいか？」との問いに対して、より適切な答えを導き出すことができるでしょう。

収入が倍になっても喜びは倍にならない？

カーネマン（→P16）の研究によると、**年収が7万5000ドルまでは収入に比例して幸福度も上がりますが、それ以上は頭打ちになる**といいます。簡単にいえば1本1万円のワインを飲むほうが1本1000円のワインを飲むよりも10倍幸せとはならないのと、同じ理屈です。

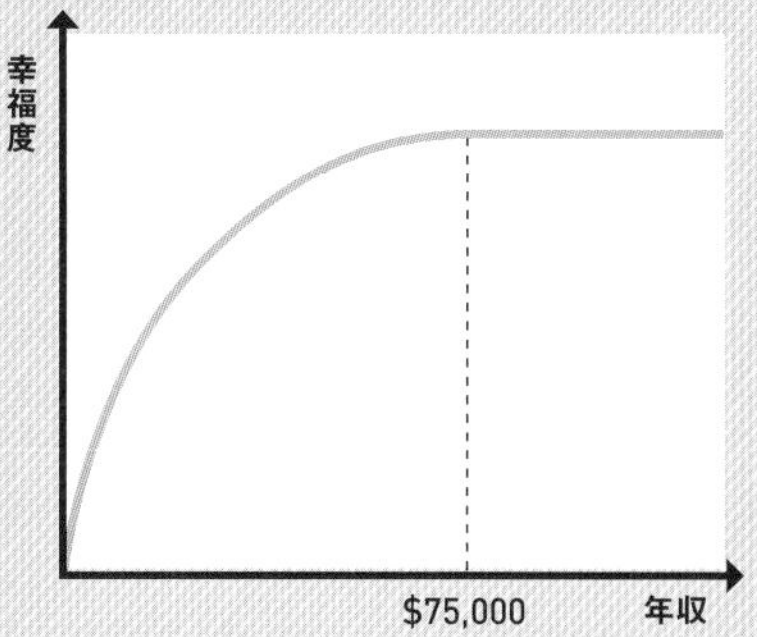

自分は何でも知っている？
現実バイアス

その事実を、あたかも前から知っていたり思っていたりしたかのように錯覚したり、当然他人も自分と同じだと思い込むことで、必要以上にその事実に囚われる認知の歪みを「現実バイアス」といいます。現実バイアスは「後知恵バイアス」と「合意性バイアス」が合わさったものです。

そんなの
知ってたよ
CASE 1
「そんなの前から
わかっていたよ」
はじめて聞いたのに、前から知っていたと
思い込んでしまっているのが
後知恵バイアスです。たとえば、
日本代表のサッカーチームが、
国際試合で格上のチーム相手に
良い試合をして勝利したニュースを見ると
「自分は最初から勝てると思っていた」と
思ってしまいます。

みんなも
そうだろ?
CASE 2
他人の意見は
かならず自分と同じ
自分のしている言動を、他人も同じように
するだろうと考える傾向を
合意性バイアスといいます。
自分が「寒い!」と思っていると、
まわりの人の状況が目に入りません。
当然、みんな寒いはずだと思い込み、
確認せずに暖房を
つけてしまったりします。
寒い、寒い!
ピッ
?
今日はあたたかいね

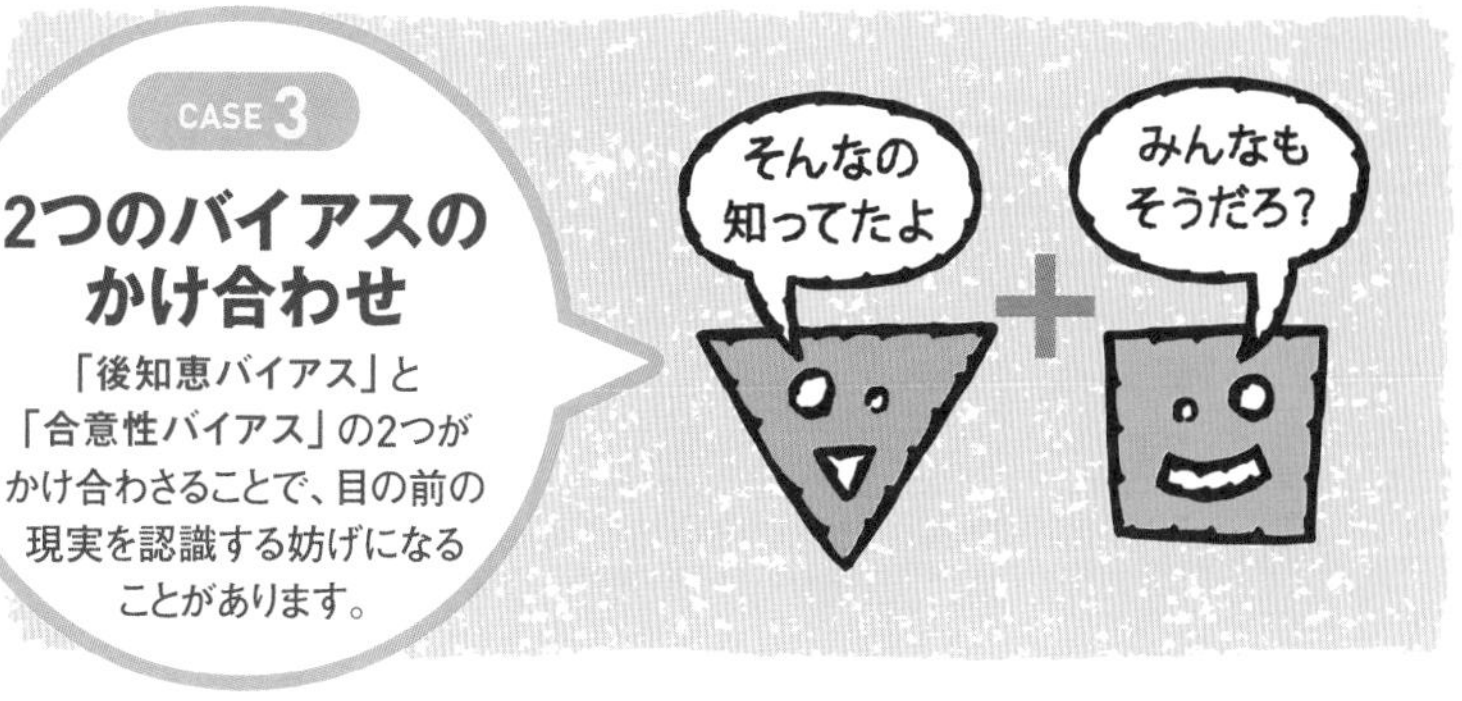
CASE 3
2つのバイアスの
かけ合わせ
「後知恵バイアス」と
「合意性バイアス」の2つが
かけ合わさることで、目の前の
現実を認識する妨げになる
ことがあります。
そんなの
知ってたよ
みんなも
そうだろ?

Example 1

後から聞いたことなのに前から知っていたと思い込む 後知恵バイアス

ある列車の脱線事故が起こる確率は、どれくらいだと思いますか？

予測条件のグループ

列車の脱線事故が起こる確率が高い場合、この鉄道の運行を取りやめるか否かを判断しなければならない

事故が起こる予想確率は 約30%

人生経験を積んだ人ほど陥りやすい？

確証バイアス（→P42）が、あらかじめ自分のもっている仮説や思い込みに関するバイアスであるのに対し、**後知恵バイアスは、ある事実について、それを聞く前から「自分はそれを正しく知っていた」と思ってしまうバイアスです。**

一見、「知ったかぶり」と似ていますが、バイアスは本人がそれを自覚していないという点で、自覚しながらやっている「知ったかぶり」との間に決定的なちがいがあります。

たとえば、アメリカの大統領選挙で、開票前に「民主党と共和党の候補のうち、どちらが当選すると思うか？」と質問した場合と、結果がわかった後に「開票前の時点でどちらの候補が当選すると思っていたか？」と質問した場合とでは、**実際に当選した候補の名前を挙げる割合**

以前にも脱線事故を起こしたことがある列車の脱線事故が起こる確率は、どれくらいだと思いますか？

酷い事故があったみたい

後知恵条件のグループ

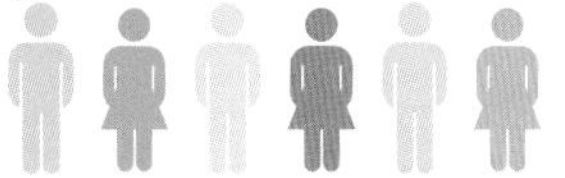

実際に脱線事故が起きて被害が甚大だったことをあらかじめ聞かされてから、脱線事故の起こる確率を予測する

事故が起こる予想確率は約50%

に明らかな開きがありました。開票結果を知った後のほうが、実際に当選した候補の名前を挙げる割合が高かったのです。

人間は、経験を積むほどに現実に関する知識が増え、新しい事実についても「知っていた」と思い込んで柔軟な判断ができなくなってしまうことがあります。**後知恵バイアスの傾向は、経験のある人ほど強い**のです。

私たちは**ある物事が「起きたことがある」ことを知っていると、その物事が起こる可能性を高く見積もる傾向**があります。しかも、「その判断にどれくらい自信があるか？」という質問に対しても、後知恵条件のほうが強い自信をもつという結果が出ました。

知識

Example 2

「みんなもそう思っているよ!!」合意性バイアス

成人人口に喫煙者が占める割合は、どのくらいだと思いますか？

自分も吸うし、
まわりにも
結構いるから、
多いんじゃ
ないかな？
6割近くいそう

まわりに吸う人はいないし、
自分も吸わない。
減ったんじゃないかな
3割くらい？

喫煙者と非喫煙者、それぞれに「タバコを吸う人はどのくらいの割合ですか？」という質問をすると、前者は高い割合を答え、後者は低い割合を答える傾向にあります。タバコを吸っている人は「ほかの人も多くはタバコを吸っている」と思っていて、タバコを吸わない人は逆のことを思っているからです。

合意性バイアスと後知恵バイアス

人は他人も自分と同じ意見だと考えがちです。そして、このような傾向のことを「合意性バイアス」と呼びます。本当は、いろいろな人がいろいろな意見をもっているし、その結果としてとる行動もさまざま。にもかかわらず、自分と他人の言動は一致していると思い込んでしまいます。

中には、そう考えるほうが合理的な場合もあります。正解のない問題について決めなければならないとき、大抵は多数決で決めても決定的な問題は起こらない可能性が高いからです。しかし、さまざまな議論を重ねる必要がある問題を、しっかり検証することなしに判断するのは、少々危険です。合意性バイアスは、自分の意見＝他人の意見であり、一切の検証をしないという点で、ほかのバイアスよりも思い込みの強いバイアスです。

後知恵バイアス（↓P52）と組み合わさると、その思い込みはいっそう強化されます。さらに確証バイアス（↓P42）もあれば、情報を選択的に取り込んだうえで、実際以上に多くの人が自分と同じ考えをもっていると思う傾向が強まります。近年問題になっているSNSやニュースサイトにおける意見の分断も、そのようにして起こると考えられます。

なぜ「合意性」バイアスといわれるのか？

ほかの人と意見が一致しているという意味で、日本語では「合意性」という訳語が当てられています。もともとは英語でfalse conscensus。「誤った合意」という意味で、実際には存在しない合意があるかのように感じることから、その名がつきました。

占いが当たっていると感じる
バーナム効果

根拠がないのに
なんとなく信用してしまう

占いは、ほとんどの人が「当たっている」と感じるように書かれています。「何事にも集中して取り組めば運が開けます」「積極的に行動することで素敵な出会いに恵まれます」「ラッキーカラーは濃紺」。よく考えてみれば、それらはたいてい曖昧な内容で誰にでも当てはまりそうなものです。

このように、誰にでも該当しやすい**曖昧な記述が自分に当てはまっていると感じる傾向**のことを**「バーナム効果」**といい、バイアスの一種であると考えられています。

占いのほかに、血液型性格診断なども科学的根拠がないという社会心理学の知見に照らせば、それを信じるのはバイアスの影響があると考えられるのです。

名前の由来はアメリカの興行師

「バーナム効果」の名称の由来は、19世紀のアメリカに実在した興行師、フィニアス・テイラー・バーナムが残した言葉「We've got something for everyone（誰にでも当てはまることがある）」です。心理学者のポール・ミールが1956年に名づけました。

今日の占い
1位　おうし座
2位　いて座
3位　おとめ座
おうし座のあなた！近々出逢いがあるかも!?
ラッキーカラーはネイビー
そういえば、スーツの色を濃紺にしたとき、宝くじが当たったな
出逢いがある…そういえば近々、合コンがあるな。それのことか？

占い記事にならんでいる記述がどれも「当たっている」と感じるのは、それらがどれも短くまとめられた、おおざっぱで曖昧な内容だから。また、自分自身の記憶の中から、占いの言葉と合致する事柄を無意識的に引っ張ってくるのも、「自分に当てはまっている」と感じる要因です。

無意識のうちに自分を「盛っている」

社会的望ましさバイアス

就職試験や企業などで行われる適性検査で、「以下の質問はあなたの日常の行動や考えにどの程度当てはまりますか。最も近い選択肢を1つ選んでください」という問いがあるとします。その選択肢として「A.積極的　B.消極的」があった場合、あなたはどちらを選択するでしょう。

A 積極的
B 消極的
自己認識
自分の性格や能力を実際よりよいように自己評価している

もちろん、考え方は人それぞれですが、適性検査のように他者から出された問題に回答するときには、多くの人が「A.積極的」を選び、自分を「盛って」回答します。

「自分は正しく、善良である」と過大評価しやすいわけ

心理テストや適性試験の選択肢に「A.嘘も方便である　B.嘘をついてはいけない」とあったら、あなたはどちらを選びますか？　実はかなり多くの人が「B.嘘をついてはいけない」を選びます。なぜなら、Bのほうが**社会的に望ましい**からです。人は、自分を他者に見せる（自己呈示）とき社会的に望ましいものにしようとする傾向があります。自己評価をする際にも同様の傾向が表れます。

バイアスなので、あくまで無意識的なものです。そこに、この手の検査の難しさがあるのです。

実際は…
ほどよくいい加減で
マイペース
あとでいいや…

！社会的に望ましい

「社会的望ましさ」とは社会心理学用語で「他者から見てそうあることが望ましいとみられる」という意味です。人は、調査票などに回答するとき、自分の性格や収入などの質問について、他者からよく見えるように「盛って」回答しがちなのです。

自分には いいことしか起こらない! ポジティブ幻想

自分や自分の環境、将来などについて、実際の状況よりもはるかによいものであると、偏って認知する傾向です。

CASE 1

脳はポジティブな情報をため込みやすい

人は期待よりもポジティブな情報が入ってくると、前頭前野の活動が活発化します。前頭前野は、ほかの生物にはない高次の知能や感情を司っている非常に人間らしい脳の部位。活発化すると、より成長が期待され、より人間らしくなります。

CASE 2

災害時には正常性バイアスとなる

ポジティブ幻想が、災害などの状況で発揮されると、正常性バイアス(→P64)となります。

ポジティブ幻想には長所も短所もある

実は楽観的に考えたほうが生存には有利なのですが、災害時にこのバイアスが働くと、本来なら気をつけなければいけないこともやりすごしてしまうため、深刻な事態を引き起こすことがあります。

CASE 1

よい未来を思い描くことが生存の決め手!? 楽観バイアス

ビジョンは実現することがある

ポジティブ幻想は「楽観バイアス」とも呼ばれ、自分や身のまわりの環境、自分の将来などについて、**「いいことは起き、悪いことは起きない」**と偏って認知する傾向です。

楽観的と聞くと、現実を直視できていない、正確な状況把握ができないという印象を受けるかもしれません。

しかし行動は気持ちで決まるので「自分は今、波に乗っている！」と思えば行動も積極的になりますが、悲観的になると臆病になり、行動を控えてしまいがちです。このようにして**楽観的なビジョンも悲観的なビジョンも現実になっていくことがあるのです。**

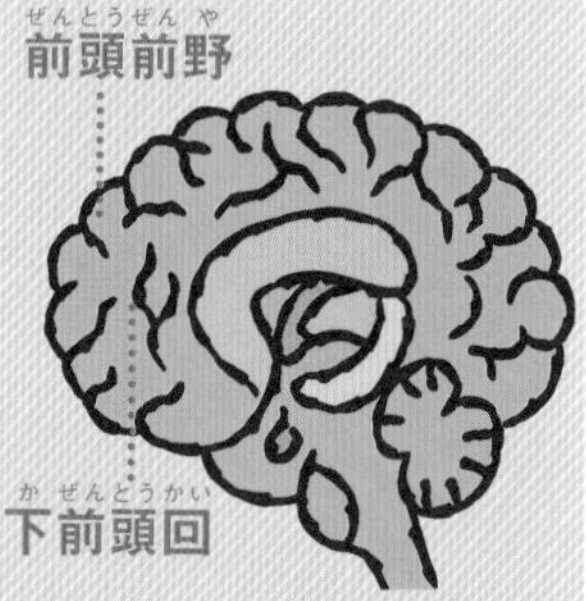

楽観バイアスについては脳の働きも重要です。期待よりもポジティブな情報が入ってくると、人の脳は**前頭前野**の働きが活発化し、その情報を貯蔵します。

さらに、楽観的な人はネガティブな情報を貯蔵する**下前頭回**という部分の働きを弱めます。脳はこれらの働きを使って、ポジティブな情報を使い、ネガティブな情報を使わないようにするのです。

悲観的な人は…

それに対して、悲観的な人は、
転職はもちろん、
結婚などにも消極的となり、
収入が上がらず、私生活も
安定しないビジョンが現実的な
ものになってしまうのです。

消極的だから
行動しない

ネガティブな現実

楽観的な人は…

ネガティブな感情に
しばられないため、
社会活動にも積極的です。
働く意欲も高いので、
不安定な競争社会のなかでも
成功しやすくなります。

積極的だから
行動する

ポジティブな現実

楽観的なほうが生物学的にも生存に有利

将来を楽観、または悲観すると、結果的に思った通りになってしまう確率が高くなります。その場合、楽観的に考えるほうが生存に有利で、より健康で長生きできると考えられるのです。

CASE 2

災害時に楽観的すぎるとこんなに危険！
正常性バイアス

経済活動や人生設計を考えるような場面では、楽観バイアスがポジティブな結果につながる可能性が高いのですが、すべてのシーンにおいてそうなるとはかぎりません。楽観バイアスが深刻な結果を招いてしまうのは、自然災害など異常事態が発生したときです。

ゆでガエル理論

熱湯にいきなり入れられたらカエルは飛び出して逃げるが、ゆっくりと温められていくと変化に気づかず、逃げるタイミングを外してゆで上がってしまうという理論。科学的な根拠はないし、なぜカエルなのかもわからないが、正常性バイアスの例として有名

ストレスを避ける本能的なバイアス

たとえば、自然災害で川の氾濫の危険が高まったとき、自治体は避難勧告を出します。しかし、人々はなかなか避難行動に移りません。実は、その**異常事態が人の対応能力を超えていて、なおかつ情報が曖昧なとき、私たちは危険度をできるだけ低く評価しようとする傾向があるのです。**

危険を無視するのは、ストレスを避け、心のバランスを保つために自我防衛機制が働くからであると考えられます。先に紹介した楽観バイアスの一種ですが、とくに区別して**「正常性バイアス」**と呼ばれます。

避難して下さい!!
まだ、大丈夫!

警告された危険を、ギリギリまで低く見積もるのは、心のバランスを保とうとする自我防衛機制が働くから。災害への備えと避難行動が適切にとれるようになるためには、人間にはこうした偏向があるという認識を、1人ひとりがしっかりともつことが大切

Question

外国人に犯罪者の割合が多い気がするのはなぜ？

錯誤相関

新聞報道などで外国人犯罪の記事を目にすると「やっぱり」と思ってしまう。これは、どうしてでしょうか？

外国人による殺人
外国人の
外国人犯罪が
外国人が起こす犯罪が
やたら目につくなぁ。
不安だなぁ……

脳の対人認知処理には限界がある

コミュニケーションを直接取らない他者を認知する際には、まず年代、職業、国籍などのカテゴリーを用います。会う人のすべてを個別に記憶することはできないからです。

Answer

少数派は目立ち、目立つものどうしを結びつけやすいから

外国人と犯罪者、どちらも少数派なので目立ち、「外国人」と「犯罪者」という特徴を結びつけて認知してしまう傾向が人にはあります。

Answer

少数派は目立ち、目立つものどうしを結びつけやすいから

統計では外国人犯罪は多くない

2つのカテゴリーが実際以上に強く関連していると感じてしまう「錯誤相関」と呼ばれるバイアスがあります。

1つの例として、「外国人による犯罪」についてのよくある認識です。外国人犯罪のニュースなどを見ると「外国人の犯罪は多い」と感じることがあります。しかし、実際は日本人よりも外国人の人口当たりの

日本人・来日外国人の検挙者の割合

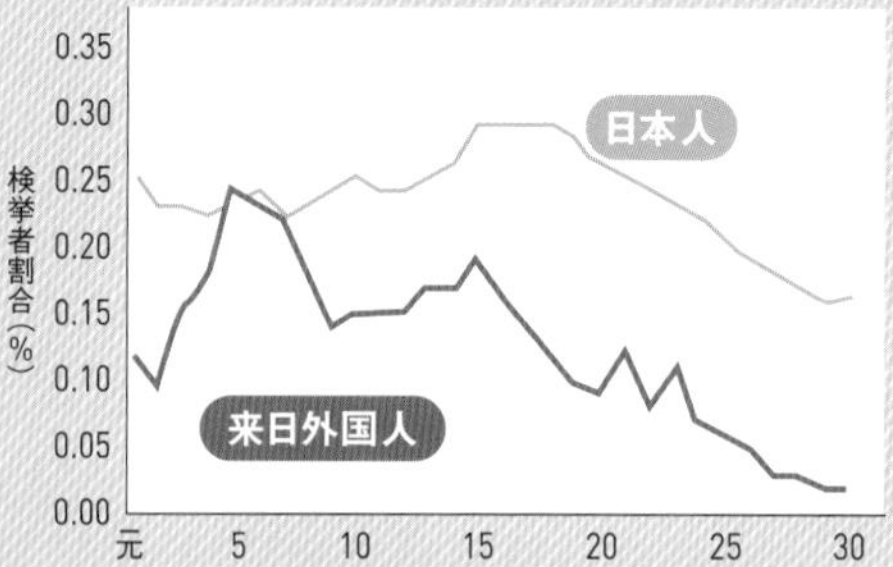

0.35
0.30
0.25
0.20
0.15
0.10
0.05
0.00
検挙者割合（%）
日本人
来日外国人
元
5
10
15
20
25
30
平成（年）

「令和元年版 犯罪白書」のデータをもとに編集部にて作成

日本人よりも外国人の人口当たりの検挙者数が高いという事実はありません。来日外国人の検挙者割合は、ほとんどの年で日本人の検挙者割合を下回っています。なお、平成15年以降は来日者数の増加により、さらに右肩下がりになっています。

検挙者数が多いという事実はありません。

なぜそういうバイアスが起こるのかというと、脳が会う人すべてを個別化して記憶できるほどの処理能力をもたないため、初対面の人や深く関わらない相手のことは、年代、職業、出身地、国籍といった「カテゴリー」でざっくりと認知するからです。

少数派は目立ちます。「外国人」も「犯罪者」というカテゴリーも、少数派で目立ちますから、「外国人」と「犯罪者」という2つのカテゴリーが実際以上に強く結びついているという偏った認知をしてしまうことになります。

望ましい方向にまちがっているのであれば害はありませんが、外国人犯罪の例のように偏見につながる恐れのある場合は、注意が必要です。

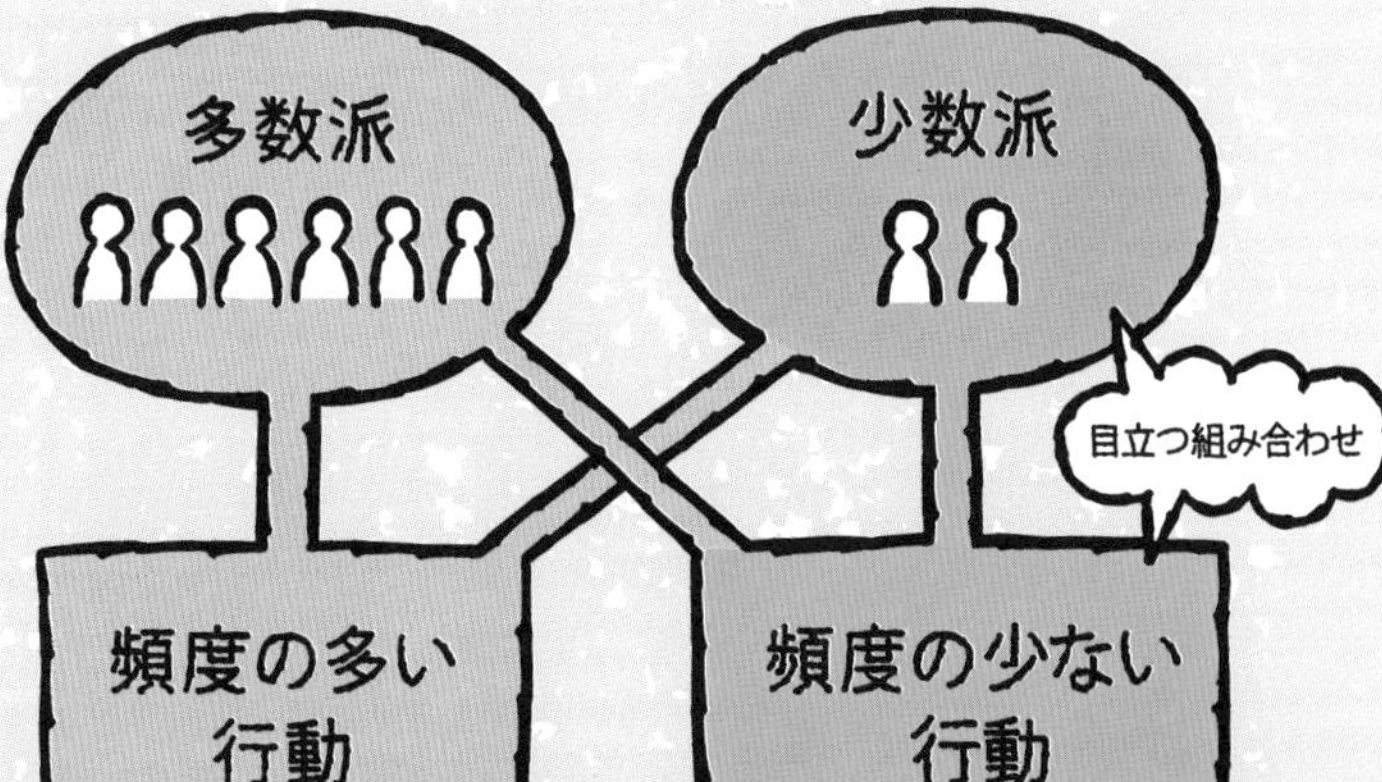

少数派で人があまりしない行動は目立つ

多数派で頻度の多い行動をとる人はあまり目立たず、少数派で頻度の少ない行動をとる人はよく目立つ。少数派のグループに属する人は、それが望ましい行動であっても望ましくない行動であっても、見かける頻度が少ないため行動が目立ってしまうのです。

Question

「得する喜び」と「損する悲しみ」大きいのはどちら？

プロスペクト理論

「A.かならず10万円もらえる」、「B.50%の確率で30万円もらえる（ただし、残りの50%の確率は10万円を支払わなければならない）」。どちらか1つ選べといわれたら、どちらを選ぶ人が多いでしょう？

Ⓐ かならず10万円もらえる

Answer

「得する喜び」よりも「損する悲しみ」のほうが大きい

100%の確率で10万円をもらうのも、50%の確率で30万円をもらうか50%の確率で10万円失うのも、期待値は同じ10万円ですが、リスクのほうをより重く受け止めるため、かならずもらえるAを選ぶ傾向があります。

AとBの期待値は同じ

期待値とは、**ある選択肢を選んだ場合の価値**を値で表したもの。「起きること×それが起きる確率」で求められる。Aの期待値は「10万円×100%＝10万円」、Bの期待値は「30万円×50%＋（－10万円）×50%＝10万円」で、この場合はどちらも同じ。

Ⓑ 50%の確率で30万円もらえる（ただし、残りの50%は-10万円）

Answer

「得する喜び」よりも「損する悲しみ」のほうが大きい

金額は同じでも損したときと得したときとでは感じ方がちがう

プロスペクト理論は、バイアス研究の巨人といわれるカーネマンとトヴァースキーの業績で最も有名なもので、得したときと損したとき、それぞれの感じ方を「価値関数」と呼ばれるグラフによって表したもの。何かを得た量に伴って喜びが増える程度よりも、失った量に伴って悲しみが増える程度のほうが大きいため、たとえば賭けをしたほうが得になる場合でも、損を恐れる気持ちが強いあまりに賭けを避けたりします。この傾向を「リスク回避行動」といいます。

また感覚も麻痺していきます。たとえば、得した場合でも、額が大きくなればなるほど喜びも鈍くなるのです。そのため、価値関数のグラフでも、利得が多いほうが緩やかな曲線を描いています。

満足度や喜び、失望などの感情を「効用」といいます。伝統的な経済学では、得るものと失うものの価値が同じなら、喜びも失望の大きさも同じという考え方に立っていました。実際には人間はそうではないという考えに基づいて確立したのが「プロスペクト理論」です。カーネマンは認知心理学から得られた洞察を経済学に導入して新しい分野を開いたという功績で、2002年にノーベル賞を受賞しています。

プロスペクト理論は関数グラフで表せる

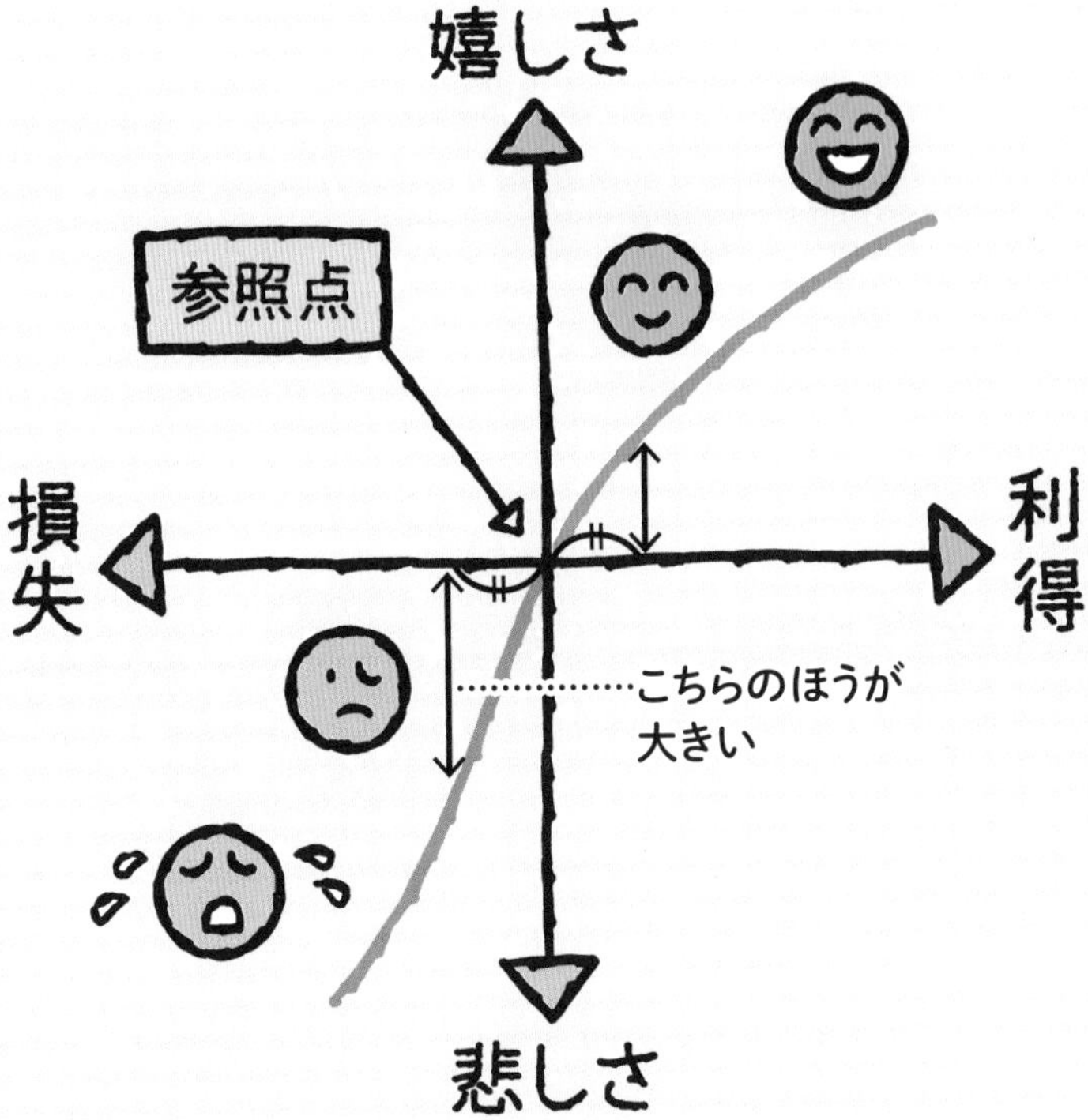

得た量に伴って喜びが増える程度よりも、悲しみが増える程度のほうが大きい

「**参照点**」は損も得もしていない最初の状態。利得が大きくなるほど効用（嬉しさや悲しさなどの感情）が高くなり、損失が大きくなるほど効用が低くなりますが、**バイアスが働いているために直線のグラフにはなりません**。何かを得る方向に動くときは効用が緩やかに上がり、失う方向に動くときは急激に下がっています。利益を追うより損失を避けたいという「**損失回避性**」が働いているためです。

同じことでも見せ方によって
受け止め方が変わる

フレーミング効果

あなたが「がん」と診断されたとします。
治療法はAとBがあり、それぞれ2つのパターンで提示されます。
それぞれのパターンで提示された場合、
治療Aと治療Bのどちらを選びますか？

パターン1

治療Aの生存率

治療直後……90%
1年後………68%
5年後………34%

治療Bの生存率

治療直後…100%
1年後………77%
5年後………22%

**69%の人が
Aを選択**

パターン2

治療Aの死亡率

治療直後……10%
1年後………32%
5年後………66%

治療Bの死亡率

治療直後………0%
1年後………23%
5年後………78%

**68%の人が
Bを選択**

生死を左右する決定すら合理的とはいえない

プロスペクト理論（→P70）は、喜びと悲しみの非対称についてでしたが、**見せ方が変わると人間の判断も変わってしまう**ことがあります。

右の、がんの治療法を提示する実験でいうと、生存率に着目するか死亡率に着目するかで、受け取る側の印象はまったく変わってきます。「死亡率10％」と聞くと「1割が死んでしまうのか」とショックを受けますが、「生存率90％」と聞くと成功率が高く、安全に思えてくるのです。

実際、パターン1では69％の人がAを、パターン2では68％がBを選択しました。なぜこのような結果になったのかについて、研究者たちは、パターン1に比べてパターン2のほうが「治療直後に死亡するリスク」が目立つからではないかと推測しました。

「生存率90％」と「死亡率10％」のように、同じことを逆からいっているだけなのに、その提示の仕方で印象が変わってしまいます。

このように同じ問題でも、**提示のしかたによって人の意思決定が違ってくる現象を「フレーミング効果」**といいます。

フレーミングとは、「枠をつける」という意味。**同じ問題や情報でも、提示のしかたでまったく違った印象を与え、違った判断を引き出す**現象に関していわれます。情報提示のしかたがいかに大切かがわかる例であるといえます。

思わず相手の言い値に引きずられる

係留と調整のバイアス

POINT

最初に提示された30万円に近い値段をいってしまう

たとえば金額の交渉などの場合、相手が最初に提示した単価が「アンカー」となり、30万円でよしとするか、30万円を基準に高い額か低い額という考え方しかできなくなります。数字を先に提示されると、その情報が基準値となってそこから大きく離れた判断ができなくなるバイアスです。

500万円
5万円
30万円
30万円のキャンペーン……。
もし40万円あったら、
サンプリングの数をもう少し
増やせるんだけど……

POINT

最初に提示された額が30万円だった場合、そこに引きずられて、極端にそこから離れた「5万円」や「500万円」は出てこない

POINT 1

人はそこから動けなくなる バイアスにおけるアンカーの働き

アンカーとは

船舶などを港に停めておく碇《いかり》のこと。何かを判断するときの"アンカー"とは、最初に提示された数字や量など。一度提示されると、それを基準としてしか考えられなくなります。

自己生成アンカー

Q.日本で2番目に高い山は何メートルくらい？

3776m
日本では富士山が一番高いんだから、3776mよりは低いよな…

日本の山について詳しい知識がなくても、日本で一番高い山は富士山で3776メートルであることを知っていれば、それがアンカーとなり、それより低い高さで考えられる。このように、自分のなかでつくられる基準値を**「自己生成アンカー」**という。

頭の中のアンカーが意思決定を左右する

P76の例でいくと、キャンペーン予算は、提示された30万円で納得するか、「40万円では？」などと、30万円に近い金額で交渉しようとします。決して「500万円にして」とか「5万円で十分です」など、かけ離れた数字は出てこないでしょう。相手から**単価や予算が示されれば、その数字がアンカー（碇）**となるからです。

アンカーは、その額を提示された人のなかにしっかりと根を下ろし、そこからその人を動けなくさせます。碇を下す場所を決めるのは他者なので、**自由な意思決定はできない状態**になります。

司法判断におけるアンカー

したがって
懲役15年が妥当と
考えました
厳しすぎるな。
12年で弁論しよう

予算やものの値段だけでなく、裁判で刑や賠償金額を決めるときなどにも**係留と調整のバイアス**は影響します。たとえば、刑事裁判の場で、検察官が提出する求刑は、裁判官や裁判員にとってのアンカーです。

もとの基準を無視して後から出てきた基準に囚われてしまう
基準率の無視

次の情報をもとに、下の問いに答えてください。

1台のタクシーが当て逃げの事故を起こしました。目撃者がいて、事故を起こしたタクシーはブルーであると証言しました。その市内では、グリーンとブルーという2つのタクシー会社が営業しています。

市内のタクシー 85%がグリーン

15%がブルー

裁判所のテスト 目撃者に、タクシーのサンプル（半分はブルー、残りの半分はグリーンで同じ台数）を見せて、その色を指摘してもらいました。すると目撃者は、80%の確率で正しく答え、20%の確率で間違えました。

Q 事故に関係したタクシーがブルーだった確率（目撃者が正解である確率）はおよそどれくらいでしょうか。次の3つの中からから選んでください。

A 80%　B 40%　C 20%

自分が直接経験しなかったことを、推測して判断を下さなければならない場合、確率を考えて判断することになります。そこで重要なのが「基準率」です。基準率とは何も条件をつけない状態の確率です。

正しい基準率を使うと…

目撃者がブルーだったと証言し、なおかつそれが正しい確率

ブルーのタクシーの割合は **15%**、目撃者の正解率は **80%**

0.15（ブルーのタクシーの割合）
×
0.8（目撃者の正解率）
＝
0.12（12%）

本当はグリーンが事故を起こしたのに目撃者が間違えてブルーという確率

グリーンのタクシーの割合は **85%**、目撃者の誤答率は **20%**

0.85（グリーンのタクシーの割合）
×
0.2（目撃者が間違える確率）
＝
0.17（17%）

間違っている・間違っていないに関わらず目撃者が「ブルー」と答える確率

0.12＋0.17＝0.29（29%）

「間違っている・間違っていないに関わらず目撃者がブルーと答える確率」に「目撃者がブルーを目撃したと証言し、なおかつそれが正しい確率」が占める割合

0.12÷0.29≒0.41（およそ41%）

右ページのQに対する回答で最も多いのは「A 80%」でした。本来、考慮に入れるべき情報（市内のタクシー会社の割合と目撃者の正しい識別率から割り出される基準率）を無視したり軽視したりして、あとから出てきた「目撃者が正解する確率」に引きずられた結果です。このバイアスを**「基準率の無視」**といいます。

「そろそろ当たるはず！」と思ってつぎ込んでしまう
ギャンブラーの誤謬

表
表
表
?
連続して
表だったから、
さすがに次は
裏だろう

何回コインをトスしても、それまでのトスの結果が次のトスの結果の確率に影響を与えることはありません。したがって、4回目に裏が出る確率も、2分の1です。

コインを何回トスしても確率は変わらない

基準率ほどややこしくない、むしろ単純な確率を扱う問題であっても、容易にバイアスに陥ってしまうことがあります。

たとえば、コイントスというシンプルな賭けで、コインを投げて、表と裏が出る確率は2分の1（50%）ずつです。サイコロを振れば1から6までの目が出る確率はそれぞれ6分の1です。私たちはこれを直感的には理解していますが、**たった5〜6回コインを投げるような場合でも、この確率が常に当てはまると考えがちなのです。**

「3回表が続いたから、絶対次は裏が出るはず」――こう考えてしまう人は多いかもしれませんが、**実際は何回表が続こうとも、次に裏が出る確率は50%から変わるわけではありません。直感と実際の偶然の事象の間には、このようなズレが生じることがあります。**

「次こそは当たるはず」と引き際を見失う心理

このズレによって引き起こされるのが、**「ギャンブラーの誤謬」**（↓P18）と呼ばれるバイアスです。「コインを4回トスして全部表が出るわけがない」と考える人は、すでにギャンブラーの誤謬に囚われているのです。

コイントスを何万回も繰り返せば、表と裏の出る確率は2分の1に近づきます。これを統計学では**「大数の法則」**と呼んでいます。たくさんの数のデータに基づく法則が、数回の結果から得られたデータにも当てはまると考えてしまうのは、ギャンブラーの誤謬が原因と考えられます。

「アイツはいま、ツイている」と確信してしまう
ホットハンドの錯覚

「ホットハンド」とは？
アメリカのバスケット用語で、
「手が温まった状態」をいいます。
何本か連続してシュートを決めた選手は
次のシュートも決まりやすいと
感じられることが由来です。
HOT HAND

どんなにすぐれた選手でもシュートの確率は半分程度

ある研究者が100人のバスケットボールファンに回答を募ったところ、91%の人が「ホットハンド」を信じていました。しかし、実際の試合の記録を調べてみると「試合中、シュートが決まった直後の数回は次もシュートが決まる率が高い」という事実は認められませんでした。

どんなにすぐれた選手でも、シュートが決まる確率は47~52%程度で、ほぼ半分です。それでも「ホットハンド」が存在するように感じられるのは、「通常なら交互に入ったり外したりするはず」と思っているのに、あ

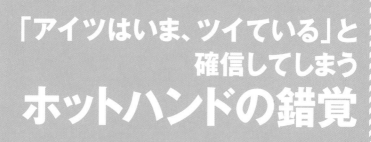

る選手が連続してシュートを決めたときには「そこには何か原因があるはずだ」と考えて、その原因を探し始めるからです。

　心理学的な観点からいえば「原因帰属の過程」が発動され、「手が温まっている」ことに原因を求めることで説明しようとします。これが「ホットハンドの錯覚」と呼ばれるバイアスの正体です。

! 原因帰属の過程

何か目立つ現象が起きたときに、その現象の原因を探し、見つかればそれこそが原因だと思うことを指す心理学用語。原因を行為者の内部に求める**「内的帰属」**と外の事象に求める**「外的帰属」**があります（→P116）。

「あとちょっとだったのに……」が一番悔しい
シミュレーション ヒューリスティックス

7:25発、
発車します！
ああ！
これに乗れたら、
絶対間に合ったのに！

とっくに電車が行ってしまった場合よりも、目前で電車を逃すほうが、乗れたときの状況を頭の中でシミュレートしやすいため、そのことが感情に強い影響を与えます。

想像しやすい出来事ほど認知や感情に強く影響する

目の前でドアが閉まり、発車する電車を見送る状態と、改札を通る3分ほど前に電車が出たという状態。この2つの状況では、**電車のドアが目の前で閉まったケースのほうがより悔しく感じる**ものです。

この悔しさは、**「シミュレーションヒューリスティックス」**と呼ばれるバイアスの働きによるもの。「もしこうだったら」という現実に反し**た状況（反実仮想）を想像しやすければしやすいほど、認知や感情に強い影響を与える**というものです。

事実はそうならなかったけれど、そうなった場合の筋書きは簡単に想像できる――この場合でいえば、もうちょっとで電車に乗れたという思いで「悔しい」という感情がより強くなるというわけです。シミュレーションヒューリスティックスは、**「利用可能性ヒューリスティックス」**（→P22）と深い関連があります。

普通 7：32 1
急行 7：45 2
7:25発は出ちゃったか…
結果は同じなのに…

column❸

猫が顔を洗うと本当に雨が降るのか？

錯誤相関（→P66）は、本来は相関関係がない複数のものが、あたかも関係があるように思い込んでしまうバイアスです。本文では、「外国人に犯罪者が多いように感じるのはなぜなのか？」を取り上げました。では、「猫が顔を洗うと雨が降る」という慣用的な言い回しがありますが、これもバイアスなのでしょうか？

「猫が顔を洗うと雨が降る」について考えてみましょう。「猫が顔を洗う」が原因で、「雨が降る」がその結果だとすると、意識的に検討すれば科学的な根拠はない話だと、ほとんどの人が気づくはずです。したがって一種の誤謬（→P18）であるとはいえます。

けれどもバイアスは、意識的に検討することができません（→P18）。したがって意識的に検討できるこの手の誤謬は、正確には認知バイアスのカテゴリーには入らないということになります。

「猫が顔を洗うと雨が降る」は、「因果関係の誤認」といえます。単純に、原因と結果を強引に結びつけてわかった気になってしまうその種の例は、個人の少ない経験から生まれることもよくあります。「かつ丼を食べると試験に勝つ」のジンクスや「自分は晴れ男だ」などの信念は、いずれも因果関係の誤認と考えられます。

しかし、それで試験に成功したり、アウトドアを楽しむことができたりするのであれば、人生に役立つ考え方であるといえるでしょう。

chapter 3

自己認識のバイアス

自分のことを正しく認識できている人は、
実はものすごく少ないもの。
では、そこにはどんなバイアスが
働いている可能性があるのでしょうか。

ありのままを見ているわけではない
スキーマという枠組み

目を開き、耳をすませば
ありのままの現実が見えるはず

私たちにとって大事なことは、自分がいる世界について知ること。目を開いて耳をすませば、そこに広がるありのままの現実が見える……というわけではありません。

実際は、スキーマの外にも
世界は広がっている
（しかし、それは見えていない）
枠組み
となる知識
＝
スキーマ

スキーマは枠組みとなる知識

私たちは、自分のまわりの現実を認識するとき、それに必要な知識を**枠組み**のように構造化し、それを通して外の世界を見ています。**その枠組みを"スキーマ"と呼びます**が、それがなければそもそも**ものごとを認識することすらできません**。

Example 1

「自分」さえも 過去の経験から認識する セルフスキーマ

枠組みとなるスキーマがなければ認識できないのは“自分自身”についても同じです。自分に対して自分を理解するための枠組み（スキーマ）を適用して、はじめて自己を認知できるのです。

自分は“明るい人”だな

ポジティブな自己認識

自己を認知するしくみ

自分はどういう人間であるかを自分で認識する方法として、大量の**エピソード記憶**（→P32）を取捨選択し、共通項を見つけて、それに概念を当てはめるという作業を心の中で行います。

記憶の中から抽出した〝枠組み〟を通じて自分を知る

自分について知るためには、過去の行動や経験をエピソード記憶（→P32）として蓄積し、そこから共通項を自分なりに抽出する作業が必要です。

たとえば、「自分は明るい性格だ」と思っていたとします。しかし、具体的なエピソードの中に「明るい」という概念はありません。

概念を使って自分を認識するとき、**具体的なエピソードの選択やどんな概念に当てはめるかはいろいろな可能性があり**ます。そのため、バイアスの入り込む余地も十分にあります。

ネガティブな自己認識

自己中で、実は嫌われているかも…
通知表
積極的な性格

ネガティブなほうが実は正確!?

人間には自分をよいものだと、実際以上にポジティブに認知しようとする傾向があります（**ポジティブ幻想**→P60）。そのような傾向があったほうが「生き残りやすかった」と考えられるからです。ところが、自分に関して否定的な**スキーマ**をもつ人は、自分に関する情報をポジティブに歪めることがないため、自分を相対的に正確に認知できます。

Example 2

新型コロナウイルスの流行で揺らいだスキーマの例

〝うちの会社〟の「常識」が通用しなくなる時代

スキーマは、一度できあがってしまうと、**認知の核**になる枠組みとなってものごとの考え方や捉え方に強い影響を与え続けます。社会的状況に応じて変化することは難しいものです。

しかし、その枠組みが揺らぐ出来事が、２０２０年に発生しました。新型コロナウイルスの感染拡大です。

新型コロナ流行以前

定時まで
あと1時間しかない

たとえば会社では、その会社特有の形で、時間や空間、ものごとの手順や人間関係が構造化されています。自分のデスクがあり、上司や同僚がいて、勤務時間と休憩時間も決まっていました。これが当たり前に感じられるのは、会社における**枠組みについての知識が共有されている**からです。

しかし、**新型コロナウイルスの感染拡大で、このスキーマが大きく揺らぎました**。リモートワークの導入をはじめとする各種の感染対策に伴う混乱は、技術的な問題だけでなく、**従来のその会社におけるスキーマが通用しなくなった**ことも大きく関係しています。それくらいスキーマの効力は大きいのです。

コロナ禍
グラ
グラ
意外と
集中できるけど、
時間の概念が
なくなったなぁ…

新型コロナの影響は学校にもおよびました。学校で行われている日常では、教師、学生、保護者の中でいわば**「学校スキーマ」と呼べるような枠組みが共有されています**。しかし、新型コロナウイルスの感染拡大で、学校にみんなが集まるという従来のスキーマが通用しなくなりました。特に大学ではオンライン授業が広く導入され、「教室に集まって話を聞く」というスタイルではなくオンラインでつながるという方式になり、戸惑いがみられました。コロナ以前の学校スキーマに囚われ、**感染症対策やリモート授業導入などの変化についていけず混乱した**事例です。

Question

多くの人が自分を「平均よりは上」と評価するのはなぜ？

自己高揚バイアス

ある実験で、こんな質問をしました。「あなたは自分のコミュニケーション能力は、人と比べてどれくらいだと思いますか？」

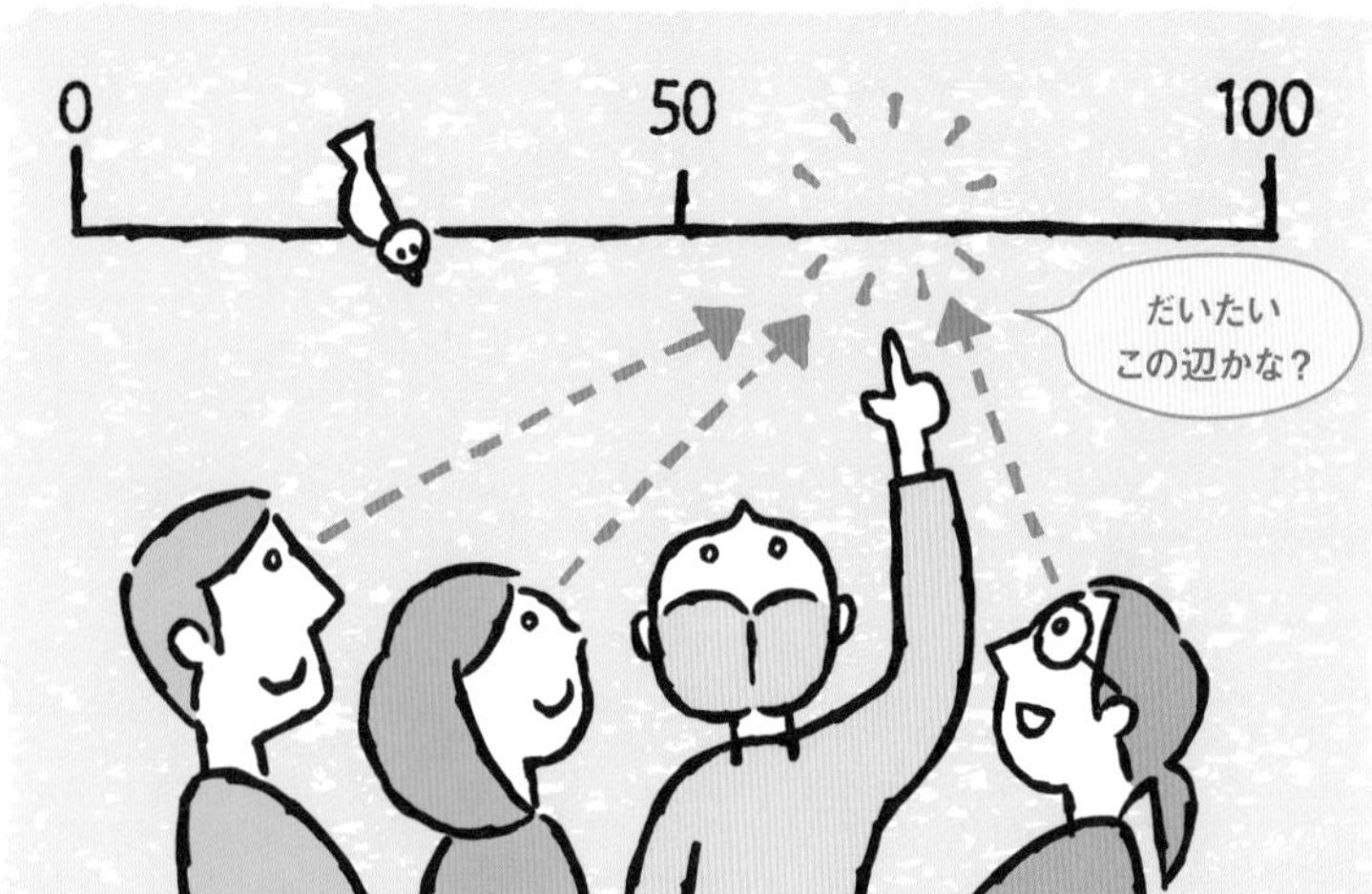

社会性、人間力、コミュニケーション能力など曖昧な特性について尋ねられたとき、いくつかの項目を思い浮かべ、「自分はどうか」と考えます。そして多くの人が「自分は平均よりは上」だと評価するのです。

「自分は上位」と考える人が半分以上

仮に「コミュニケーション能力」を点数化できるとしたら、上位10%に入れる人は当然、全体の10%です。回答者が100人なら10%は10人のはずですが、60人もの人が自分は上位10%以内に入っていると思っていたのです！

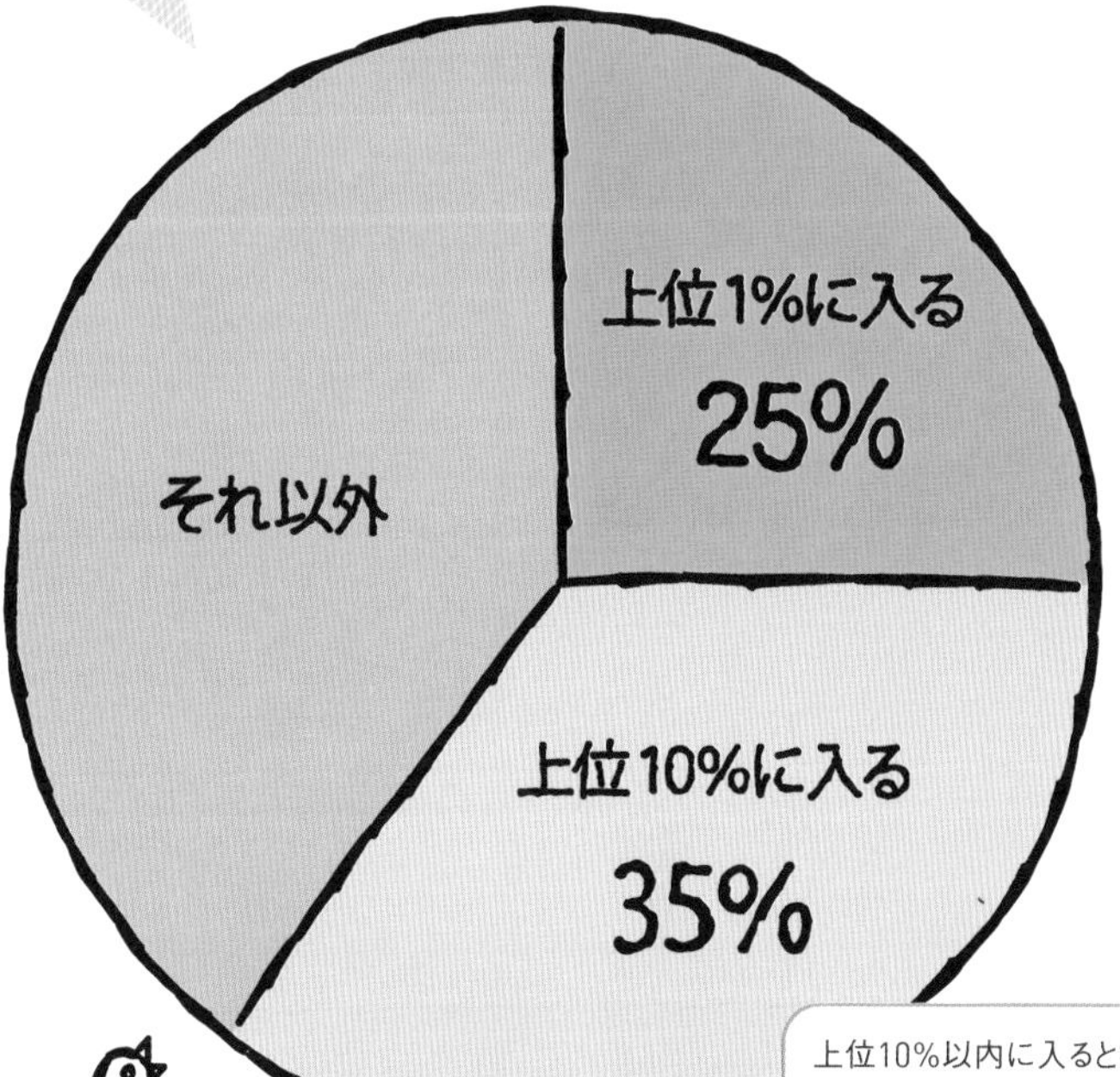

上位10%以内に入ると答えた人が全体の60%もいました。さらにそのうち、上位1%に入ると回答した人は25%いたのです。

Answer

実際よりもよい方向に認知を歪めることで自己高揚を行うから

「コミュニケーション能力」のような、内容が曖昧で測定が難しい特性は、自分に都合よく考えても大丈夫で、それがポジティブなものだった場合「自分にはそれがある」と考えたくなります。

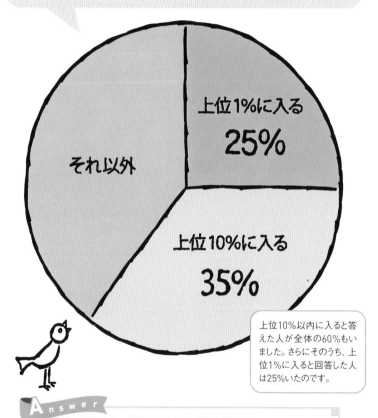

Answer

実際よりもよい方向に認知を歪めることで 自己高揚を行うから

自分のコミュニケーション能力は
どのくらいだと思いますか？

自己高揚バイアス

「社会性」「人間力」「協調性」「ホスピタリティ」など、内容が曖昧で測定が難しい事柄ほど、自分を高める「平均以上効果」が働きやすくなります。

自己卑下バイアス

ネガティブな自己認識（→P93）をする傾向にある人は、自分は平均か、平均を少し下回ると思っています。自己高揚バイアスが働いた場合よりも正解に近く、自分の所属集団を高く評価する「集団高揚バイアス」とセットになると、集団主義的な社会では生き延びやすくなります。

自分をよいと認知したいバイアス

内容が曖昧で数値化が難しく、かつよい特性については、**人は自分を、実際よりも、そして平均よりもよいものだと考える傾向があります**。これが**「自己高揚」**と呼ばれるバイアスです。

ここで聞かれた「コミュニケーション能力」は、内容が曖昧で、数値化することは困難で、さらにポジティブな概念なので、自己高揚バイアスの対象になりやすいのです。

一方、**「自分は平均か、それより少し下」とネガティブに認知する傾向を「自己卑下バイアス」といいます**。「自己卑下バイアス」が働くと、**より正解に近い認知となる**という特徴があります。

数値化できるものにはバイアスがかからない

たとえば「100メートルを何秒で走れるか？」と質問されたら、事実を答えるしかありません。「平均以上効果」が働くのは曖昧な、そしてポジティブな事柄にかぎられます。

どっちに転んでも大丈夫！
セルフ・ハンディキャッピング

自分の評価をわざと歪ませる

セルフ・ハンディキャッピングをする人は、大事な場面の前にあらかじめ自分が不利になるようなことをして、自分自身や他者に対し、自分の見え方を歪ませます。

明日プレゼンがあるけど…
今日、飲みに行こうぜ！
飲み？行く、行く！

明日、大事なプレゼンがあって、本当ならもう一度シミュレーションしたり、資料を見返したりして準備しなければならないのに、あえて飲み会へ……。

努力しなくてもできる人と思われるために

「セルフ・ハンディキャッピング」は、自分が不利になるようなことをわざとすることで自分自身や自分を見る他者の認知にバイアスをかける行為です。

たとえば、明日重要なプレゼンがあって、本当だったら帰っていろいろと準備を完璧にしなければならないのに、同僚と飲みに行ってしまった――そんな経験がある人もいるのではないでしょうか。

自分にとって重要な出来事について、他者からどう見えるかをコントロールし、**自分のイメージを操作しようとする戦略の1つです。**

自尊感情が高いか低いかで意味が異なってくる

自尊感情が高い人は、セルフ・ハンディキャッピングによって自分の能力をより高く見せることができます。前日に飲みに行っても翌日プレゼンで大成功を収めれば、まわりは「仕事ができる人」という印象をもちます。

逆に自尊感情が低い人は、失敗した場合のことを考えています。「失敗したのは遊んだからで、能力が低いせいじゃない」という見方を他者にさせ、あるいは自分がすることで、低い自尊感情がさらに低くなることを防ぐのです。

自尊感情の高い人はこんな状況でも結果が良いと「自分の能力が高いからだ」と思い、ますます自尊感情は高くなります。

プレゼン成功
前の日、飲みに行ったのにスゲエ！

プレゼン失敗
前日、飲みに行っちゃったからさ…

自尊感情の低い人が失敗すると「不利な状況のせいであって、能力や性格の問題ではない」と思えるので、自尊感情が保てます。

自分は注目を集めている？
スポットライト効果

スポットライト効果
実際以上にまわりが
自分に注目していると
錯覚してしまう
心の動き
?昨日？
何着て
いたっけ…
昨日の私の恰好、
ちょっとおかしかったよね、
恥ずかしいなぁ。
今日は大丈夫だと
思うんだけどどう？

まわりは自分に そこまで注目していない

たとえば、ある日の自分の恰好が、色が派手すぎたり、変なプリントのTシャツだったりして、内心（服選び失敗したなぁ……。早く帰りたい）と思っていたとします。ところが翌日、無難な服装で出勤し、同僚に「昨日の私の恰好さぁ……」というと、相手はポカンとしています。あんなに恥ずかしかった恰好なのに、周囲はほとんど覚えていなかったのです。

まわりの人はそこまで自分に注目していないのに、いい意味でも悪い意味でも、さぞかし目立っていただろうと考えてしまうとしたら、それは**「スポットライト効果」**のせいかもしれません。

人は、自分にスポットライトが当たっていると考えがち。ほかの人が自分に、実際以上に注目していると思うバイアスです。

スポットライト効果についての実験

実験参加者に、着ていると誰もが「恥ずかしい」と感じる、ある有名人の顔写真が大きく入ったTシャツを着てもらい、その姿を観察する参加者のうちの何パーセントが、Tシャツに描かれた人物を答えることができるか予測してもらいました。

実験参加者は、45%強が自分の着ていたTシャツの人物を答えることができると予測しましたが、実際に当てられた人は25%弱でした。着ていた人の予測と観察者の実際の答えとの間には、大きな開きがありました。

このように、自分の服装などが**実際よりも他者から注目されていると思うのは「スポットライト効果」**が働いているからなのです。他人はそこまでこちらに注意を向けているわけではないのです。

もしかして心の中がバレている!?
透明性錯誤

前項の「スポットライト効果」の関連で「透明性錯誤」というバイアスがあります。自分の心はまわりから見透かされている、と思う心の動きです。

A社との契約は
ほぼ確実です！
うちではムリだよ
なんとか
お願いします！
ごまかしているけど
このままだとたぶん契約取れない。
うーん、でも部長には
バレている気がする

表情や動作だけでは心の中を見透かせない

「スポットライト効果」は自分の見た目が注目を集めると勘違いする現象ですが、「透明性錯誤」とは、感情や意見など、自分の内面をほかの人に見抜かれている、あるいはわかってくれていると実際以上に感じるバイアスです。

人が嘘をついていることを見抜けるかどうかを調べる心理学の実験では、表情や動作を手がかりにしても嘘を見抜ける確率は50%強にすぎませんでした。

嘘をついている人は挙動不審なのですぐにわかるというのも俗説です。人の話している様子から嘘を見抜ける確率を50%よりも引き上げるには、外見から判断するのではなく、その人の発言を文字に起こし、細かな矛盾点などを分析する方法をとったほうがはるかに有効です。その場合は、嘘を見抜く確率が75%まで上がるという結果が出ました。

Question

なぜ、人の考えていることは自分にはわからない？

視点取得

チーフがソワソワしている。お昼に何食べようか、考えているんだな

視点取得の難しさ

人は他者になりきれません。ほかの人の視点から状況を眺めて（**視点取得**）みようとしても、その人とまったく同じように認識することはできないのです。

Answer

ほかの人の視点に立つのは難しいから

他者に共感するのに必要な能力とは、その人の視点に立って状況を見る力です。この能力は大人になるにつれて身につきますが、大人でもうまくいかないことがあります。

午前中のうちに先方に
電話しておかなきゃ!

Answer

ほかの人の視点に立つのは難しいから

サリーとアン（視点取得の）課題

これは、小さな子どもには備わっていません。「サリーとアン」という有名な課題がその好例です。

この課題に正解するには、他者は現実の状態とちがう事実を認識する（誤信念）可能性があるということを理解し、どのようにまちがったかを想像する能力が必要です。子ども向けの課題ですが、**大人でも**「スポットライト効果」や「透明性錯誤」を**引き起こします**。

子どもにはできないこと

注目を浴びていると感じたり、内心がバレていると思ったりするのは、**他者に何が見えていて何が見えていないかを推測できていない**ということです。それができるようになるためには、**他者の視点から状況を眺める能力**が必要です。この能力を「視点取得能力」と呼びます。

大人なら、すぐに正しい答えが出る問題で、正解は「かごの中」です。しかし、視点取得ができない子どもは「箱の中」と答えてしまいます。なぜなら、自分が見て知っていることは、ほかの人（この場合はサリー）も知っていると思ってしまうからです。ちなみに、この問題の正答率は、4歳から6歳の間に上がっていきます。

サリーとアン（視点取得の）課題

3
1
4
2
サリーとアンが一緒にいる部屋で、サリーがビー玉をかごに入れています。
そのあと、サリーは部屋を出ます。
アンは、サリーのいない隙にビー玉をほかの箱の中に移します。
戻ってきたサリーは、どこを探すと思いますか？
?

サリーは自分でかごに入れたんだから、
まずかごを探すはず
箱に入っているよ!
箱
箱の中!

自分は正しい!!
自己中心的公正バイアス

自分は正しく まちがっているのは他人

人間がなかなかほかの人の気持ちになって考えられないのは、「**視点取得**」（→P108）がうまくできないことだけが原因ではなく、「**自分が正しい**」という方向にバイアスがかかりがちだというのも、理由の1つです。

自分がうまくできないことを認められず相手の伝え方が悪いと思ったり、他者はルールを守らないものだと考えたり。「自分が正しいのだから、まちがっているのは他人」。そう思ってしまうバイアスを「**自己中心的公正バイアス**」といいます。

すみません
昨日、大事なファイルが
出っぱなしだったぞ
最後に使ったのは君だろ
自分はちゃんとしまったはず。
誰かがその後、
出したんじゃないか？

正しいのはどっち？

「自分」が正しいとすると「彼ら」は正しくない？
次の文章を完成させる実験です。

- タバコをポイ捨てした
- ゴミをきちんとまとめている
- 赤信号を無視した
- 嘘をつかない

この実験では、日常的な行動の中で正しい例と正しくない例を挙げてもらい、そのうち自分が行いやすい行動だと思うものは主語を「私」に、他人が行いやすい行動だと思うものは主語を「彼ら」にするよう教示しました。

❶「私＋正しい行動」 ❷「私＋正しくない行動」
❸「彼ら＋正しい行動」 ❹「彼ら＋正しくない行動」のうち、
どの組み合わせが多いと思いますか？

- 彼らは＋タバコをポイ捨てした
- 私は＋ゴミをきちんとまとめている
- 彼らは＋赤信号を無視した
- 私は＋嘘をつかない

これは極端な例ですが、日常的な行動の中で正しい例の主語は自分、正しくない例の主語は「彼ら」のことが多くなります。

組み合わせ結果は、多かった順に、彼ら＋「正しくない」、私＋「正しい」、彼ら＋「正しい」、私＋「正しくない」でした。ちなみに、この実験は最初アメリカで行われましたが、オランダや日本で再現しても結果は同じでした。文化が違っても、人は**自分は正しく、他人は正しくない傾向があると思いがち**なのです。

「あなたは正しい」といわれると安心する
社会的妥当性

自分の正しさを手っ取り早く証明したい

「自己中心的公正バイアス」（↓P110）は、とくに根拠がなくても、道徳的、世間的に「自分の行動が正しい」と考える傾向のバイアスでした。しかし、自分が正しいかまちがっているかは、客観的な基準がないため、証明するのは困難です。では、自分の正しさをサクッと証明したい場合は、どうすればいいのでしょう。

人は身近な人に肯定されると安心し、正しいと確信する

そのときは、**誰か身近な人に「あなたは正しい」といってもらえばよい**のです。これを社会心理学では「社会的妥当性」と呼んでいます。

ここでの「社会的」とは、自分の身近な対人関係のことです。公的なものというわけではなく、いつも一緒にいる家族や友人から「あなたは正しい」といわれたら、人は安心し、正しいと思ってしまうのです。

自分のプライベートなことなどについて腹を割って話すことを「自己開示」といいますが、これを行う重要な動機の1つが、**社会的妥当性を得られること**。周囲の人に、自分の身に起きた出来事や、自分がした行動について積極的に語りたがる人は、正しいといってほしくて自己開示をしているのかもしれません。

誰か身近な人に「あなたは正しい」といってもらえばよい

会社でこんな話題が出たけど自分の考えとは違う——そんなとき、**身近な人に自分の考えを肯定してもらえることで「社会的妥当性」が得られ、安心します**。しかし、その考えを肯定してくれる**相手も、本当は何が正しいのかわかっていない**のです。「今の若い人」という言い方もざっくりしていますし、テレビを観る人も観ない人もいるため、実際は社会調査をしてみないと正確なことはわからないのです。

この案に賛成の人は
挙手を!
(賛成しかいないな!)
…では、これで決定
オレのアイデアは
すばらしい!

Example 1

まわりはみんなイエスマン!?
自己確証動機

自分に賛成してくれる人を最初から選んでいる

「社会的妥当性」を得るために、自分と同じ考えをもっていそうな人に積極的に意見を求めようとする気持ちを❗「自己確証動機」といいます。

この場合、「正しい」といってもらうことが重要なわけですから、賛成してくれそうな人の意見を聞けばいいことになります。組織のなかで、イエスマンばか

ワンマンな上司は、6人中2人が挙手をしていないことにも気づきません。まわりにイエスマンばかり集める独裁的な人が上に立つと、組織がまちがった方向に進む恐れがあります。「イエス」の声を聞くだけで満足していないか、ときには反省が必要です。

りを直属の部下にする場合は、自己確証したいのかもしれません。

もちろん、イエスマンの意見にばかり耳を傾けるのには弊害があります。よりよい判断のためには、反対意見も聞いて考え直すことが必要かもしれません。

自分自身をどう見るかについても自己確証動機は働く

「自分は正しいということを確認したい」と思っていれば同じ見方をしてくれる人を選び、社会的妥当性を得てその見方を強化します。これが「自分はダメな人間だ」という後ろ向きの見方であっても社会的妥当性を求めるのです。自己評価が低い場合、そのほうがしっくりくるからです。

成功は自分のおかげ、失敗は状況が悪かったせい
セルフ・サービング・バイアス

○○くん、
所長に昇進、
おめでとう!
ありがとうございます。
精一杯がんばります
努力したかいが
あった。
成果を出した
からな
内的帰属
自分の中に
原因を求める

自分にとってハッピーになるように考える

たとえば辞令のシーズン。昇格する人もいれば降格する人もいます。このとき、人はそうなった原因をいろいろなものに**求めますが、**昇進したときと降格したときとでは、受け止め方が大きく違います。

昇進した場合「自分が頑張ったから」「仕事ができるから」などと受け止めます。しかし、降格した場合は「忙しくて上司とコミュニケーションがうまくとれなかったから」「景気が悪

集団高揚バイアス

欧米人と日本人とで比較すると、原因の求め方にやや異なる傾向が見られることがわかっています。**日本人には「集団高揚バイアス」が見られることがある**のです。日本人は自分のことだけでなく、**自分が所属している集団にも重きを置く**傾向があります。テレビ番組でも「日本すごい!」というコンセプトの番組は、おおむね高視聴率であるといいます。これは、「集団高揚バイアス」が合わせて働いているとも考えられます。

降格かぁ。
景気が悪かった
もんなぁ…
外的帰属
自分以外に
原因を求める
○○くんは、来月から
○○支部に
行ってもらいます
○○支部でがんばります

かったから」などと考えます。要するに、うまくいったのは自分が頑張ったからだし、うまくいかなかったことは状況が悪くてしかたなかったからということになるのです。

このように、**自分自身がハッピーに受け止められるようにものごとの原因を考えること**を「セルフ・サービング・バイアス」と呼びます。

ハッピーなのは自分のおかげ、ダメなのは自分以外のせい。セルフ・サービング・バイアスが働くのは、自分にとって都合よく解釈したい(自己高揚したい)から。

Question

同じことをしても自分と他人とでは「原因」が違うと考えるのはなぜ？

行為者観察者バイアス

人は、同じ行為でも自分がしたときと他人が行ったときでは原因の推測のしかたが変わります。

待たせてごめん！いつもより電車が遅れたんだよ

待ち合わせに自分が遅刻したときは「電車が遅れたから」などと原因は自分以外だと考えます。

Answer

他人のせいにはしてよくても、自分のせいにはしたくないから

人は自分には有利、他人には不利なように原因を求める傾向があります。また、他人の行動は、原因や事情がよくわからないという、視点取得（→P106）がうまくいかないことも原因です。

ごめん！
待ったよね？
寝坊かな？
おっちょこちょい
だからなぁ
相手が遅刻したときは「おっちょこちょいだからだ」などと相手のうちに原因があると考えます。

column❹

SNSがバイアスを増強させている？

近年、ネット上における「分断」が加速しているといわれます。「ネット上の分断」とは、自分の考えに合った意見や情報ばかりに触れ、それ以外の意見や情報には排他的だったり不寛容だったりする現象です。自分の趣味や考え方に合った人たちのコミュニティで楽しむのはSNS本来の使い方です。しかし、分断が問題になるときは、炎上を招いたり、裁判になることがあります。この背景には、いくつものバイアスが複合的に関与していると考えられます。

SNSの利用のしかたとして、確証バイアスがかかった状態で情報を無意識的に取捨選択し、SNSや掲示板を通じて意見を発信し、自分の社会的妥当性（→P112）を「いいね！」の数で確認します。そして、そこにさらに合意性バイアス（→P54）がかかって、実際以上に多くの人が、自分と同じ意見をもっていると確信してしまいます。

また、自分の興味のあるものに「いいね！」を押すことを繰り返していると、次第に表示される情報やおすすめされる商品が、自分の好みやすいものに染められていきます。ある社会問題に対して賛成の立場の動画を視聴すると、同じような意見が出てくる動画ばかりがおすすめに表示されるようになります。このとき、異なる意見や情報は排除されるため、自分の認知にバイアスがかかっていることを認識しづらくなります。

chapter 4

対人関係のバイアス

対人認知とは、自分のまわりの人を
認識することであり、社会活動の基本です。
他者の特徴を知覚するときに働くバイアスを
紹介します。

事前の期待が印象を決める
期待効果

**会う前の「期待」が
フィルターになる**

私たちは、人に会う前に聞いた話などをもとにつくり上げた「期待」をフィルターにして、新しく会う人物の印象を形成しています。期待は印象に影響し、印象はどのように相手に働きかけるかという行動に影響するので、その人との人間関係も変わってくる可能性があるのです。

ある人に対する印象はもともと自分がもっていたもの

同じ人物の話をしているはずなのに、自分とほかの人とでは、その人物をまったくちがうように見ていることがあります。その原因の1つはバイアス。**事前に聞かされていたその人に関する情報が認知バイアスを生んでいるケース**です。

知り合いから紹介してもらい、初対面の人に会うときなど、事前に聞いた評価の影響で人物像についての予想が生じて認知が歪みます。これを**「期待効果」**といい、**対人関係における認知バイアスの一種**です。

「温かい」か「冷たい」かが重要

ある人がどういう人かを象徴する印象のなかでも、**「温かい」「冷たい」という印象は中心特性**です。ちなみに、その他の、たとえば「真面目だ」とか「仕事ができる」といった特性は**周辺特性**といいます。**人物の印象の決め手になりやすいのは中心特性です。**

性格や行動は常に一定なのか？
一貫性バイアス

いつもきちんとしているのに。
よほど急いだのかな…

ほかの人の性格は、その人の行動を目にした結果、こちらが認識したものです。しかし、実際の人の行動は、状況によってさまざまに変わるものです。ところが、自分がある人に対して「こうだ」と思っている性格があると思っていると、それとは予想外の行動をその人がしているところを見ても、「例外」だと考えてしまうのです。

人はそのときの状況に合わせて適切な行動を取ろうとする

私たちは**場面に応じて自分の行動を変えるのがふつう**です。たとえば、外では「にぎやかで楽しい人」と思われている人が、家庭内では物静かだったりします。

人はそのときの状況に応じて適切な行動をとろうとします。「誰を相手にしているか」「どういう集団の中にいるか」などによって、ふるまい方を変えるのはごくふつうで、自然なことです。それなのに、**他人の行動は、常に一貫していると考える傾向があります**。いったいなぜなのでしょう。

一貫していない行動は「例外」？

一貫性バイアスがあると、対象となる人物の一貫しない行動を目の当りにしても、それはあくまで「例外」で処理してしまいます。つまり、自分の認識の中で一貫している「何か」を変更しなくていいように目の前の事実の重要性を低く評価しているのです。

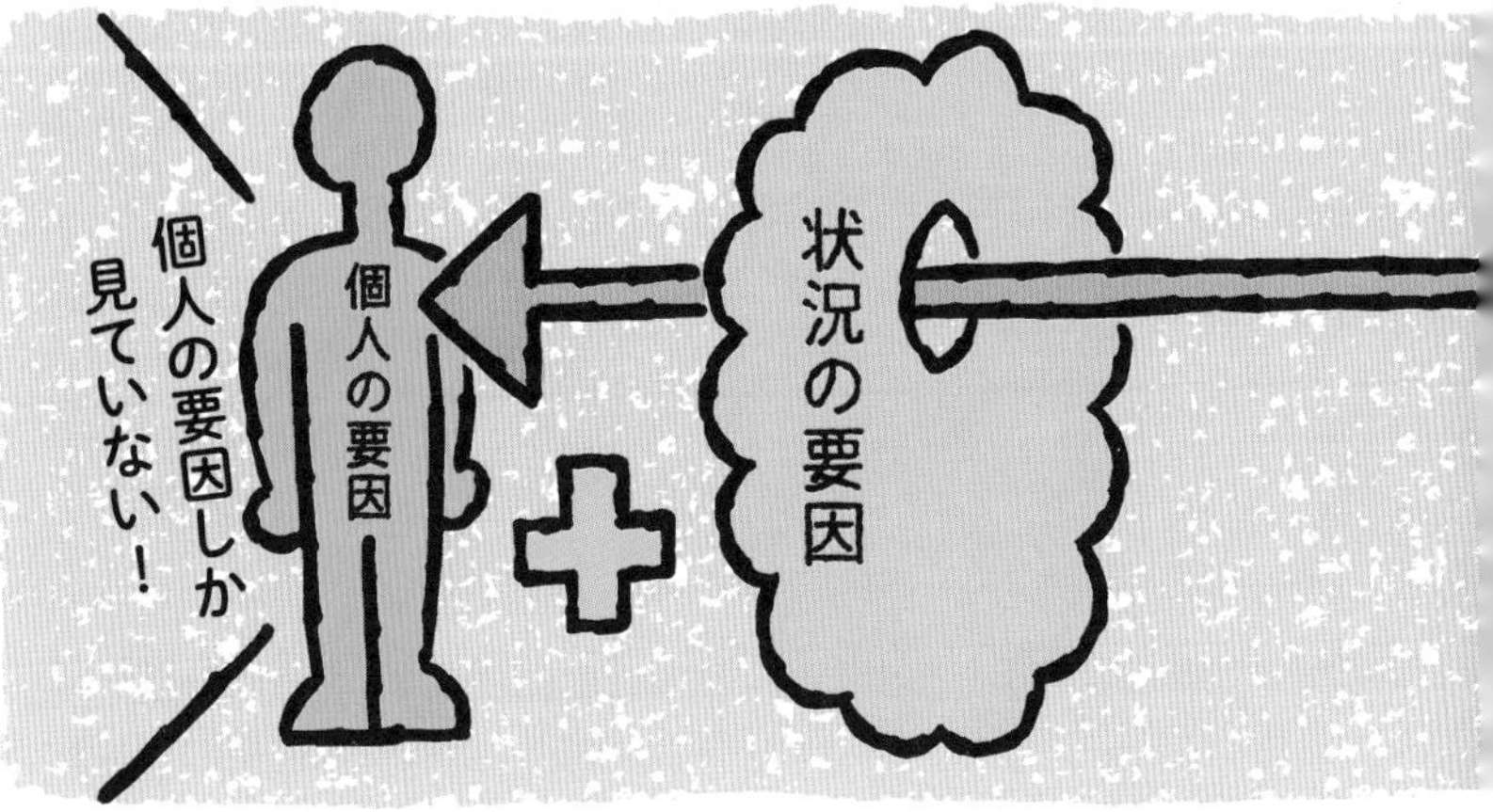

見ている人は、状況を加味しない

本当は、個人の要素とその場の状況が合わさって、そのときどきの行動が決められているのですが、人はなかなかそのことに気づきません。この、**人の行動の理由は状況に左右されることなく、常に一貫していると考える傾向のことを「一貫性バイアス」**といいます。

これは「行為者観察者バイアス」の一種である（→P118）と捉えることもできます。自分は状況や相手に応じて行動を変えているにもかかわらず、自分以外の人は、その人特有の性格のもとに一貫して行動していると考えるのです。

Question

子猫や赤ちゃんがかわいいのはなぜ？

ベビーフェイス効果

ペットショップでも動画でも、子猫や子犬がとにかくかわいらしく見えたり、ニコニコしている赤ちゃんを見ると「かわいいなぁ」と感じたりすることが多いのは、どうしてでしょう？

あの子猫、飼いたいな。
お世話してあげたい！

Answer

そう感じる心のしくみをもつ者が生き延びたから

Answer

そう感じる心のしくみをもつ者が生き延びたから

つぶらで大きな瞳
丸顔で
ふっくらした輪郭
顔の下のほうに
パーツが集まっている
（額が広い）

赤ちゃんの顔にはいくつかの共通した特徴があります。輪郭は丸みを帯び、顔の大きさに対して比率の高い目は大きくつぶらで、位置も顔の下のほうにあります。ベビーフェイスと呼ばれる大人も、こういう顔の持ち主です。

赤ちゃんをかわいいと思うのは、大人が守ってあげたくなる顔だから。動物も同じです。そういうバイアスをもつ個体の子孫が生き延びてきたのです。

幼くかわいい顔を見るとお世話したくなる

笑い声やしぐさはもちろん、赤ちゃんの顔には、大人たちに「かわいい」と思わせる特徴が並んでいます。赤ちゃんの顔は、大人より丸みを帯びているとか、顔に対して目の大きさの比率が高いとか、**いくつかの共通した特徴があり**、人はそのような顔をかわいいと思う傾向があります。

それは、**赤ちゃんの顔を「かわいい」と感じ、お世話をしたくなる心のしくみが人間にはあるからです**。進化心理学的にいうと、その心のしくみをもつからこそ、次の世代を育て、自分に近い遺伝子を残せる確率が高くなると考えられます。私たちが今日まで存続しているのも、赤ちゃんのかわいらしさをポジティブに捉え、手をかけてきた結果であるといえます。これも**バイアスの一種**で、**「ベビーフェイス効果」**と呼びます。

キャラのかわいさにも生かされている!?

ベビーフェイス効果は、赤ちゃんに対してだけ働くものではありません。右ページに挙げた赤ちゃんの顔の特徴を思い出してください。ゆるキャラやアニメのキャラなど、そうした特徴を生かしてデザインされているものがたくさんあります。かわいいと思い目が離せなくなる。身近に置いて世話してあげたい気持ちになる。そういった効果が利用されているのです。

CASE 1

印象は波及する ハロー効果

「ベビーフェイス効果」(→P126)とならび、視覚的な要素が印象をつくるバイアスの代表に「ハロー効果」があります。

「ハロー(halo)」とは、英語の挨拶(hello)ではなく、「光輪」(circle of light)。聖人の頭の上に光の輪が描かれている宗教画を思い出してください。芸能人などを見たとき、外見の魅力的な特徴が目について、「何もかも成功していそう」と感じることがあると思います。これがハロー効果です。

NEW
なんだかよさそう…

芸能人の印象と商品の印象が合わさって記憶される

人気のある芸能人を広告に起用するのは、彼らの印象が商品の印象につながるため。

どこかがすぐれていればほかのところもすぐれている

企業が商品の広告に芸能人を起用するのも、ハロー効果を計算に入れてのこと。芸能人は印象のよい人が多く、私たちはその見た目から彼らの内面や生活状況もきっとよいにちがいないと感じます。

そして、商品と同時に呈示されれば**芸能人の印象と商品の印象が合わさって記憶され**、結果的に商品に対するよい印象が形成されます。

そう考えれば、広告主が芸能人のスキャンダルに敏感なのもわかります。スキャンダルで彼らに悪い印象がつけば、**商品の印象も悪くなってしまう**おそれがあるからです。

CASE 2

世の中、悪い人は存在しない!?
パーソン・ポジティビティ・バイアス

期待効果（→P122）とよく似た、初対面の人を“いい人”と思いやすいバイアスをもう1つ紹介します。

他者との関係が良好な環境で育ってきた人はとくに**パーソン・ポジティビティ・バイアスの傾向が強い**と考えられています。

自分の期待に合わせて他者との接し方を決める

人は基本的に、周囲の人をまずまず良いものだと考えています。**これから会う人に対してポジティブな期待をもって他者を認識する傾向のことを「パーソン・ポジティビティ・バイアス」と呼びます。**

パーソン・ポジティビティ・バイアスの強い人が、これから会う人物について「フレンドリーな性格だ」と思っていれば、相手はフレンドリーな人だという前提のもとに、接します。また、「フレンドリーだ」という考えを前提に働きかけられたら、その人に対する自然な反応としてフレンドリーに行動することがあります。こうして私たちは、**自分がもっている仮説に沿った人間関係を体験**していくのです。

はじめて会う人の中には、いい人もいますが、そうでない人もいるでしょう。そんなとき、**このバイアスが働くとよくない人を認識できないことがある**ことを、知っておくべきでしょう。とはいえ、人に対してよい期待をもって接すれば、いい人間関係を築くことにつながるため、生きやすくなる要素でもあります。

悪いところばかり注目される
ネガティビティ・バイアス

望ましくない行動にこそ情報価値がある

これまで対人認知のポジティブなバイアスが続きましたが、ネガティブなバイアスもあります。人間には他者の行動を見るときネガティブな行動により長く注目する傾向があります。このバイアスを「ネガティビティ・バイアス」といいます。

ネガティブな情報は価値が高い

本来ならよいことも悪いこともすべて情報として集め、それらを統合しながら他者を認知できればいいかもしれません。

しかし、望ましくない行動を無意識に

「情報としての価値が高い」とは？

“情報の価値”は対象についてどのくらい予測しやすさが増すかで決まります。ネガティブな情報は、**その人がどんな人物か予測するときの選択肢を減らす程度が大きい**ため、情報としての価値が高くなります。

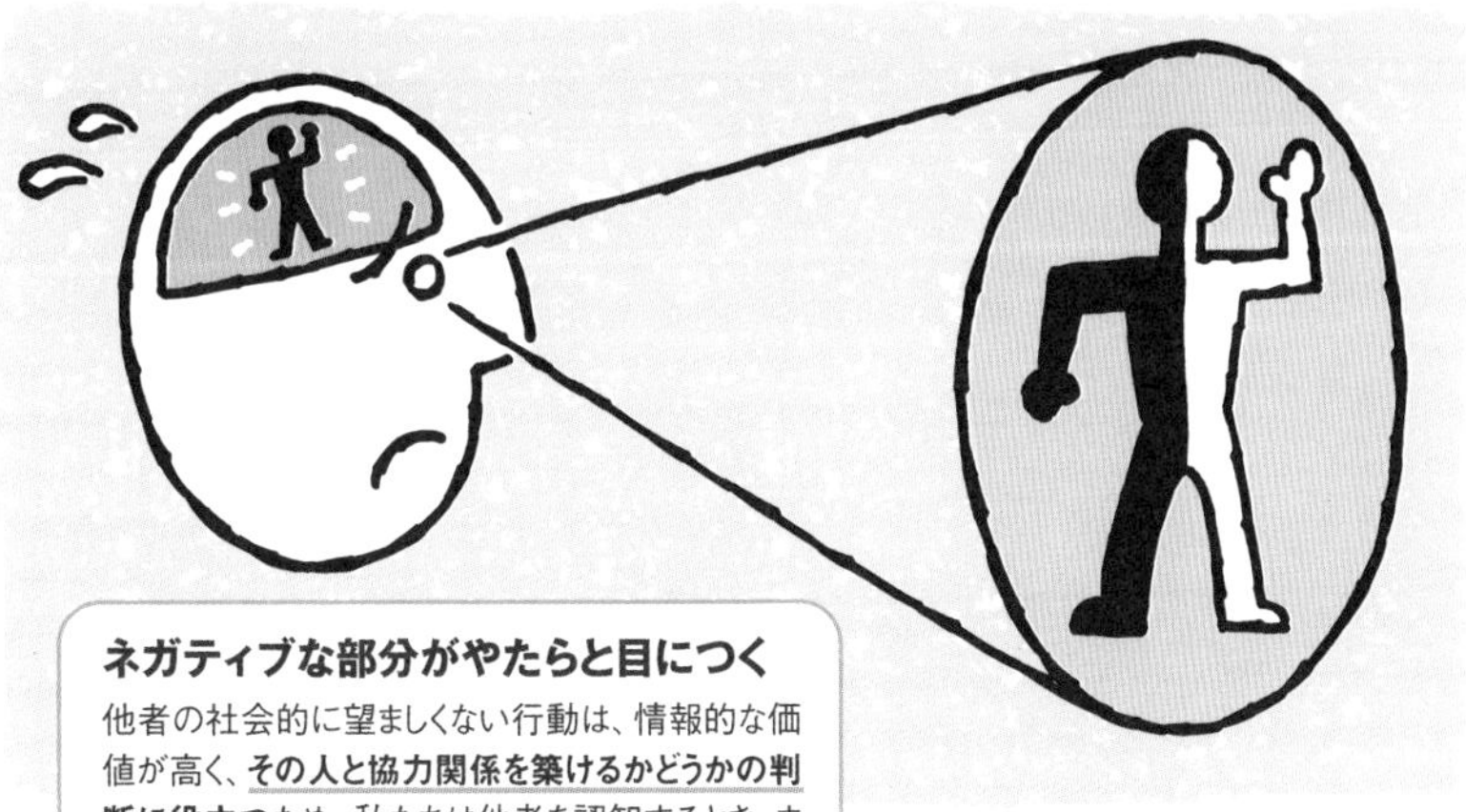

ネガティブな部分がやたらと目につく

他者の社会的に望ましくない行動は、情報的な価値が高く、**その人と協力関係を築けるかどうかの判断に役立つ**ため、私たちは他者を認知するとき、まずそこに注意がいく傾向があります。

注視するのは、その人に対する情報としての価値が高いからです。

望ましくないことをあえてするところにその人が現れる

普通に社会生活を営んでいれば、余計なリスクを抱えることもなく安定した状態で過ごせます。その安定した状態を破ってまで望ましくない行動をとると、人に嫌われたり法律によって罰せられたり、リスクも大きなものになります。そのため、あえて社会的に正しくない行動をとる人をみると、その人の特徴がその行動に現れていると考えます。それが社会的に望ましくない情報に注目して認知することにつながるのです。

Example 1

他人の〝黒い部分〟が再生される
ミスアンスロピック・メモリー

相手についての記憶は悪いものが残りやすい

記憶は、現実をありのまま記録する動画撮影のようなものではありません。情報を取捨選択して意味に変換したり、保存したりしており、思い出すときには、その意味のかたまりをもとに、記憶したはずの内容を組み立てています。

実際は一緒に過ごして楽しかったこともあったのに、嫌なことをいわれたりす

あの人に会うと、
いつも嫌なことを
いわれる

るとそのことばかり思い出されて「あの人に会うと、いつも嫌なことをいわれる」とか「あの店は感じが悪い」など、悪い出来事の記憶に囚われているとしたら、「ミスアンスロピック・メモリー」というバイアスが働いています。

ネガティビティ・バイアスと基本的なしくみは同じ

リスクがあるにもかかわらずあえてとった行動には、その人の性格や考え方がよく現れている。だから、よい行動よりも悪い行動に注目したほうが、よりその人について知ることにつながる。つまり、記憶であれ認知であれ、それだけ**情報価値が高い**（→P135）**からこそ強く保存される**ということなのです。

楽しかったこともあったはずなのに…

原因は、本当にその人の内面にある？

基本的帰属の誤り

相手の内面に出来事の原因を求める

「あの人がいつも同じ服を着ているのはファッションに鈍感だから」。このように、**他者の行動の原因をその人の内面に求める傾向を「基本的帰属の誤り」といいます。**

本当の原因は、服装にお金をかける経済的余裕がないのかもしれないし、まったく同じ服を何十着ももっていて毎日着替えているのかもしれません。しかし、基本的に顧みなければならない要因は、ほかにあるにも関わらず「同じ服ばかり着ている」理由をその人の「内的属性」に求めてしまうのです。これは非常に幅広く見られるバイアスなので「基本的」といわれます。

さらにこれが、**特定の人に対する一貫したイメージになれば「一貫性バイアス」（→P124）ともなります。**

ほかの人の行動を見て「なぜそうしているのか」と考えることは、よくあります。あの人はいつもほぼ同じ服装だ。なぜ同じような服なのか？ うっかりすると「ケチなのだろう」と考えるかもしれません。しかし、スティーブ・ジョブズのように服の選定に時間をかけたくなかった人もいます。本当のところは、まわりから見ているだけではわからないのです。それなのに「ケチな性格」などと、**人の内的な要因や「意識」の問題だと信じ、ほかの要因を考えないこと**があります。これが**「基本的帰属の誤り」**です。

超就職
氷河期！
若者の意識改革を!!
いまの大学生は、働く意欲がない！だからフリーターが増える
働く意欲がないわけではなくて、正社員の募集が少なすぎるんだよ……
就職氷河期
1993〜2003

就職氷河期の大学生に対する批判的論調

就職できずにフリーターになる学生たちが増え始めたころ、各種メディアがこの現象をとりあげ、「いまの学生は働く意識が弱い」と批判的に論じました。しかし実際は、景気の悪化によって企業が人件費削減に転換し、新卒者の採用を控えたのが原因でした。マクロな要因を考えず、個々の人間の意識にそれを求める基本的帰属の誤りの実例です。

顔を見れば収入や地位がわかる？

見た目からの社会的経済的状態の推測

2017年にアメリカで行われた、次のような実験があります。顔写真から「魅力度」「勤勉さ」「積極性」を評価し、さらにそこから収入などを推測して印象を答えてもらいます。これら3つの指標の評価がいずれも高い顔は、社会的地位が高いと感じられる傾向がありました。ちなみに、3つのなかで印象にもっとも影響を与えたのは「魅力度」でした。

この人が一番、偉いんだろうな

わずかな手がかりを使って印象を形成する

「見た目からその人の属性がわかる」と感じるバイアスがあります。「属性」とは、職業や収入、社会的地位、家族構成など、その人の外面的な特徴で社会的な位置づけとも関係する情報のこと。これを、顔というわずかな手がかりから推測しているのです。

このバイアスが社会的カテゴリーの推測につながれば、ステレオタイプや偏見にもつながりかねません。しかし、少ない情報から相手の地位や経済力を推測するのは、実は生き残りに有利な能力。自分にとっての協力相手の選択に必要だからです。

「自分たち」以外の人はみんな同じに見える
外集団等質性バイアス

集団は、自分が属する集団（内集団）と自分が属していない集団（外集団）に分けられ、それぞれ認知のしかたに特徴があります。

自分の会社
自分
仕事のできる上司
少し頼りない後輩
内集団に属する人は、関係が深い間柄であるため、互いに別個の存在として認知します。これを個人化といいます。
一番話せる先輩
趣味人
スピーディな同僚

外集団の人たちとは深い関係にないので、そこまで詳しく認知する必要がありません。また、そうしなければ、脳のキャパシティが足りません。そのため、人種や国家、組織など、大まかなカテゴリーで認知することになります。これを**カテゴリー化**といいます。そして私たちは、そうやってカテゴリー化した人たちのことを、**同じようなものとして認知する傾向**をもっています。特定の国の人たちや人種に対する偏見や親近感のなかには、こうしたバイアスが関係している可能性も十分に考えられます。

Example 1

外集団への恐怖心が極端に働いて起こる
射撃者バイアス

「よく知らない人は怖い」本能的な反応が働く

　外集団（↓P142）に属する人を認知する際に働く「**外集団等質性バイアス**」は、ある集団に対する**偏見をもたらしたり、逆に親近感を覚えさせたりする**ことがあります。これが極端に働くと、命に関わる問題にまで発展してしまうことまであるのです。

　2002年に、アメリカで次のような実験が行われました。PCのモニタにランダムに出てくる人たちを見て、身の危険を感じたら「発砲ボタン」を押すというものです。出てくる人は、武器をもっていたり、武器のかわりに黒いスマホをもっていたりします。相手がもっているものが武器ではないと判断した場合は、「発砲しないボタン」を押さなければなりません。

　この実験の結果によると、武器をもっていない相手にまちがって発砲する割合は、実験参加者と同じ人種に対してよりも異なる人種に対してのほうが高かったのです。これは「射撃者バイアス」と呼ばれるバイアスです。

　この研究では、銃をもっていない人に対して誤って「発砲」ボタンを押してしまう原因に、**文化的人種ステレオタイプの強さ**が影響しているのではないかと推測されています。

射撃者バイアスの実験内容

モニタ画面が切り替わり、そこに現れる人物の手に銃が握られていたら発砲する。握られていなければ発砲しない。結果、握られているものが何であれ、自分と異なる人種が現れたときのほうが誤射率が高いことがわかった。

無作為のグループ分けでも結果は同じ

自分と人種の異なる人に対しての誤射率が高い原因は、相手がある特定の人種であるかどうかよりも、単純に外集団に属していることのほうが影響します。たとえば無作為にAとBにグループ分けして、自分がBに所属する場合でも、Aが外集団であるという認識があればやはり誤射率は高くなります。

2012年の別の実験からは、少し違った事実も浮かび上がりました。**「相手を怖い」と感じやすい人は、属する集団が違うというだけで武器をもっていない相手にもまちがって発砲する確率が高くなったのです。人種的ステレオタイプに加え、自分を守る気持ちの強さも影響する**ようです。

Question

海外ドラマの登場人物はなぜ見分けがつきにくい？

自己人種バイアス

差別意識とはかならずしも関係しない

ほかのバイアスと同様、**自己人種バイアスには自覚がありません**。つまり、差別意識で「自分と違う人種だから犯人だ!」などと思っているわけではないのです。あくまで**自分とは異なるカテゴリーに属する人の生物学的特徴を細かく認知できない**ことが原因です。

Answer

自分と同じ人種以外の人は認知しにくいから

海外ドラマで目撃証人が警察署へ行き「あなたが見た人はどの人ですか」と尋ねられ、面通しを行うシーンがあります。その際、はっきりと見ていたように思える目撃証人でも、自分とは違う人種の人物の見分けがつきにくいということがよくあります。これを、目撃に関する「自己人種バイアス」といいます。

Answer

自分と同じ人種以外の人は認知しにくいから

自分と違う人種は見分けづらい

見たことをそのまま証言するのだからまちがいようがないと思う人もいるかもしれませんが、そんなに単純なものではありません。人は記憶をするとき、情報を自分にとって都合よく変換します。そして、その変換した記憶を言語化するというプロセ

スを踏むため、バイアスがかかりやすいのです。また、人は自分とちがう人種の人の顔を見分けるのは大変苦手です。これを「目撃証人の自己人種バイアス」といいます。

冤罪を生む最大の原因は目撃証言の誤り

アメリカに、「イノセント・プロジェクト」という雪冤《せつえん》（冤罪を雪ぐ）団体があります。このイノセント・プロジェクトが扱った冤罪事件の原因は、実に69%が目撃証人の誤りでした。目撃証言を得たときは、その扱いに十分な注意を払わなければなりません。

あなたが目撃したのは誰？

逃走中の容疑者を目撃した証人に、面通しをしてもらいました。目撃者は、自分と同じ人種は選ばず、違う人種の中からまちがったほうを指摘しました。似たような事例は、実際に起こっています。

CASE 1

アングルのちがいが印象の差になる
カメラ・パースペクティブ・バイアス

被疑者フォーカス
被疑者が自発的に話している印象を受ける

カメラの角度によって印象は変わる

２０１９年から、日本でも重大犯罪の被疑者を取り調べる際、全過程を録音・録画することになりました。これは**取り調べを可視化**して、自白の任意性などが問題になったときに有効な対策を打とうというもの。これによって、取調室の中でのやりとりがはっきりし、自白の強要の有無などの問題も解決すると期待されていました。

ところが、それですべての問題は解決しま

誤った原因帰属

ある現象の原因探しをする際に、**本当の原因とは別の現象を原因だと思い込むことを「誤った原因帰属」といいます**。目立つ現象に注意が引きつけられるときなどに、こういうまちがいが起こります。映像Aの被疑者が、映像Bや映像Cの場合よりも自発的にしゃべっているように見えるのは、**被疑者がしゃべっている様子が最も目立つ映像**だからだと考えられます。

イコール・フォーカス
やはり自白を強要されている印象を受ける

捜査官フォーカス
捜査官に自白を強要されている印象を受ける

せんでした。録画をする際に、カメラのアングルを変えてしまうと、**映像を観ている人が受ける印象も変わってしまう**ことがわかったからです。たとえば、被疑者一人を大きく映し出した映像のほうが、ほぼ捜査官だけを映し出した映像や、被疑者と捜査官を同じサイズで収めた映像よりも、自発的に話しているように見えるのです。それによって模擬裁判における模擬陪審の判断結果も変わりました。このため、自白の強要の有無の、判断の難しさという問題は残ったのです。

これは、**カメラの視点によるバイアス**という意味で「カメラ・パースペクティブ・バイアス」といいます。このバイアスが起きる原因ははっきりしませんが、「誤った原因帰属」や「基本的帰属の誤り」（→Ｐ１３８）の影響が考えられています。

CASE 2

決まったら突き進むしかない !!
トンネル・ヴィジョン

みんな、
行くぞー!!
きっと、まちがいないはず!
進むしかないよな
仮説A

ほかの可能性が考えられない

一度組織内で方向性を決めてしまうと、たとえそれがまちがった方向でもどんどん進んでいきます。捨ててしまった仮説を振り返ることはありません。

トンネル・ヴィジョンは、もともとは犯罪捜査機関で起こる問題についての研究を通じて発見されました。**1つの仮説に強くこだわり、それ以外の仮説が見えなくなるために捜査がまちがった方向へと発展、挙句に無実の人が有罪になってしまった**という事例がきっかけです。

1つの仮説にこだわり引き返せなくなる

特定の人の権力が強く、閉鎖的な企業では、視野が狭くなって、まちがった合意形成をしてしまうことがあります。その結果、ほかの可能性を考えられなくなり、気づいたときには取り返しのつかない損失を被ってしまうこともあります。このように、組織の視野が狭くなった結果、まちがった方向に進んでしまう現象を❗「トンネル・ヴィジョン（視野狭窄）」といいます。

組織が不健全な意思決定に陥るのは、重大な問題です。こうしたバイアスがあることを知ったうえで、集団を小グループに分けて結論をもち寄るなど、トンネル・ヴィジョンが起きにくくなるようなルールやしくみを組織に導入するなどの対策を講じる必要があります。

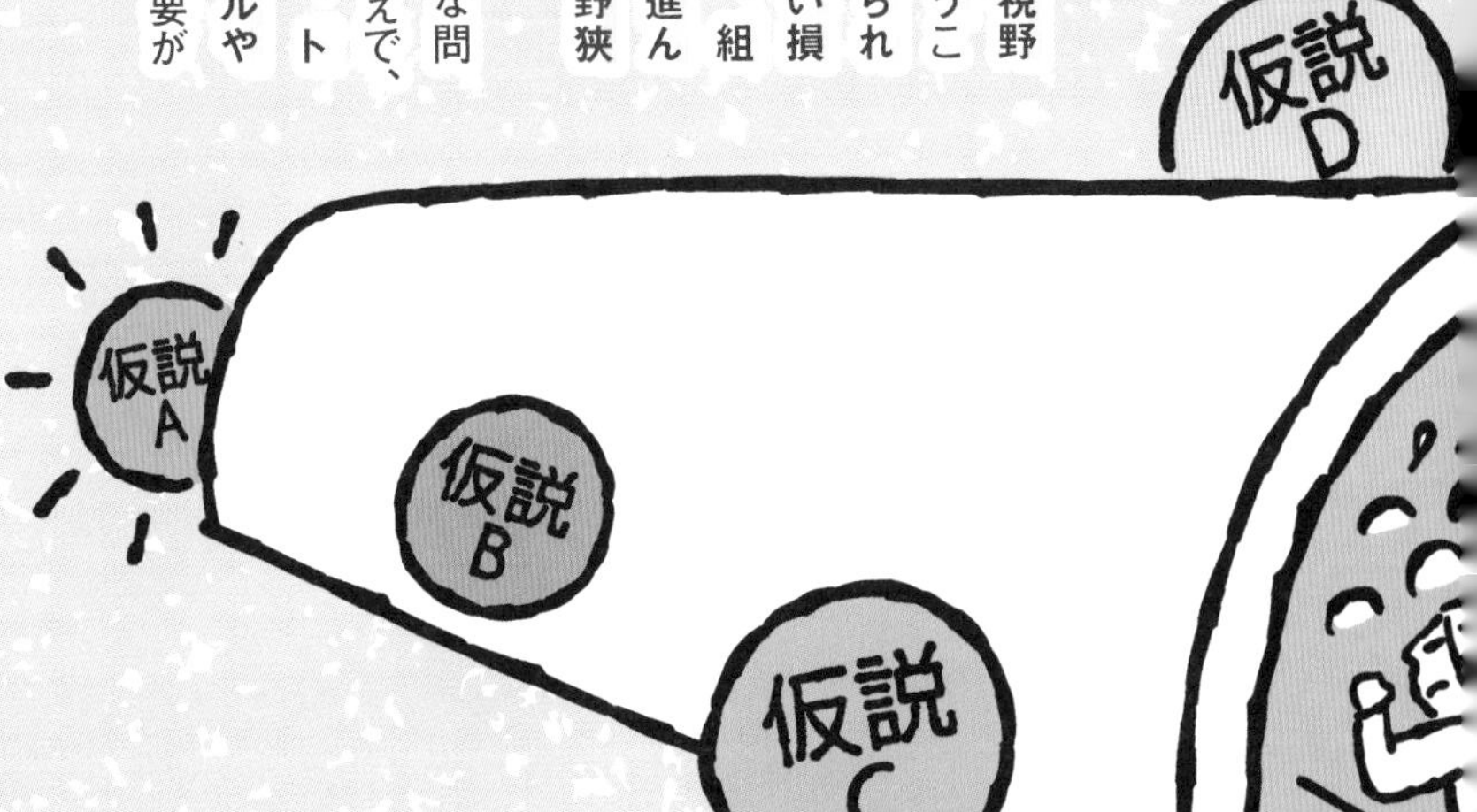

トンネルを前にして視野が狭くなっている組織のメンバー。1つの仮説（トンネルから見える景色）にこだわってほかの可能性が考えられなくなり、不健全な意思決定をしてしまう。これがトンネル・ヴィジョンの効果です。

索引

索引

ま行

や行

ら行

おわりに

「バイアスを理解することは私たちがいかに素晴らしいかを理解すること」

本書では、社会心理学の要素を加味した観点から認知バイアスについてお伝えしてきました。「バイアスとは何か」「バイアスについてはどんな研究があるのか」「実験とその結果で明らかになったことは何か」など、本書を通じてつかむことができたと感じられたなら、監修者としてこれ以上の喜びはありません。

ただ、バイアスについて知ると、いかに自分が周囲をそのままのかたちでは認識していないかを痛いほど知ることになります。これは必ずしも楽しいことではありませんが、とても有益なことです。ビジネスの世界では「間違った認識」が大きなミスにつながることがありますが、バイアスについて知っているだけで致命的なミスが防げることもあります。私たち人間の認知の方向に、どんなクセがあるのかを知っておくことは、とても大切なのです。

しかし、なぜこんなにたくさんバイアスがあるのでしょうか？　それは、私たちが周囲の世界を認識することは、とても大変なことだからです。大人として毎日生活していると、周囲のものが見え、聞こえ、匂いや手触り、距離などもわかることは、当然のように感じられているかもしれません。しかし、私たちの脳は硬い頭蓋骨の中にあって、直接外の世界に出てくることはできません。脳は、頭蓋骨にありながら、五感で収集した情報から周囲の世界がどうなっているかを推定しながら知覚し、私たちに見えた、聞こえたという感覚を提供しているのです。

そして、私たちは知覚するだけでなく、周囲の仲間とうまくやりながら生き残ってきました。これはよく考えると、本当に大変な仕事です。その仕事に大きな支障のない範囲で、現実とのずれとして残っているのがバイアスであるといえます。

そのように考えれば、バイアスがあること自体をそんなに悪く考える必要もありません。認知のずれから現実に生ずる問題には対処する必要がありますが、それはバイアスの本質ではなく、現代社会と、私たちの認知の不整合の現れ方の1つにすぎません。周囲を認知し、生き延びている自分はすばらしい存在ですし、それを受け継がせてくれた遠い祖先はありがたい存在です。バイアスに関する捉え方を通じて、本書が閉塞感を突き破る一助となれば幸いです。

藤田　政博

藤田 政博（ふじた・まさひろ）

1973年生まれ、神奈川県出身。東京大学法学部卒業、同修士課程修了。北海道大学大学院文学研究科修士課程修了。東京大学大学院法学政治学研究科博士課程修了。政策研究大学院大学准教授などを経て、現在は関西大学社会学部教授。専門は、社会心理学、法と心理学、法社会学。著書に『司法への市民参加の可能性――日本の陪審制度・裁判員制度の実証的研究』（有斐閣）、『裁判員制度と法心理学』（共編、ぎょうせい）、『法と心理学』（編者、法律文化社）、『バイアスとは何か』（ちくま新書）などがある。

サクッとわかる ビジネス教養　認知バイアス

2023年７月15日　初版発行

監修者　藤田政博
発行者　富永靖弘
印刷所　公和印刷株式会社

発行所　東京都台東区台東２丁目24　株式会社 新星出版社
〒110－0016　☎03(3831)0743

ISBN978-4-405-12023-5